STRICK
MIT!

Inhaltsverzeichnis

Für Strick-Erfahrene 78

Für Strick-Profis 108

Kinderleicht stricken

Hast du auch schon einmal einen coolen selbstgestrickten Schal, eine trendige Beanie oder ein witziges Kuscheltier gesehen und dir gewünscht, dass du das auch stricken kannst? Mit diesem Buch lernst du das Stricken ganz einfach, auch wenn du noch nie Stricknadeln in der Hand hattest. Lies dir zunächst die Kapitel im Einführungsteil über Werkzeuge, Wolle und die Stricktechniken gut durch, dann kann nichts mehr schiefgehen.

Die Strickmodelle sind nach Schwierigkeitsgrad geordnet. Beginne mit den leichteren am Anfang und arbeite dich zu den Profimodellen am Schluss vor. Los geht´s mit witzigen Pommes frites, Äpfeln zum Reinbeißen und schicken Schals. Arbeite dich vor zu coolen Monstern, Handpuppen und supereinfachen Handschuhen. Stricke dir lässige Mützen und eine Schafherde zum Kuscheln. Am Ende bekommst du sicherlich sogar schon ganz einfache Socken hin.

Die Modelle werden meistens mit dicken Wollgarnen gestrickt, damit du schnell vorankommst und dir am Anfang nicht so viele Stricknadeln in verschiedenen Größen anschaffen musst. Je mehr Übung du hast, desto mehr kannst du ausprobieren. Dann sind deiner Fantasie keine Grenzen gesetzt und du kannst bald deine eigenen Strickmodelle kreieren.

Viel Spaß beim Stricken wünscht dir

deine

Die Kinder-strickschule

Was sind rechte Maschen? Wie sieht ein Nadelspiel aus und wozu gibt es so viele verschiedene Stricknadeln?

Hier erfährst du Schritt für Schritt alles, was du über das Stricken, die verschiedenen Wollsorten und die unterschiedlichen Maschenarten und Strickmuster wissen musst.

Viel Spaß!

Kleine Wollkunde

Wollgarne bestehen aus Fasern, die beim Spinnen verdreht werden. Es gibt viele verschiedene Wollgarne, die aus unterschiedlichen Materialien bestehen. Manche Garne sind aus natürlichen Fasern gesponnen, z. B. Haaren vom Schaf oder vom Kamel oder Pflanzenfasern. Synthetisch hergestellte Garne sind Kunstfasern. Viele Wollgarne sind Mischungen aus beidem.

Wollgarnqualitäten

Baumwollgarn

Bambusgarn

Wollgarne aus Pflanzenfasern

Baumwollgarne sind glatt und man erkennt die Maschenstruktur sehr gut. Es gibt sie in einer großen Farbvielfalt und in vielen verschiedenen Stärken. Üblicherweise werden aus Baumwolle Sommerpullover gestrickt, da die Baumwolle kühl auf der Haut ist. Es gibt auch Garne aus Bambus und aus Leinen.

TIPP

Nicht nur Wolle lässt sich verstricken, sondern auch Bast, Kordeln, Schmuckdraht, Sisal oder Paketschnur. Vielleicht fällt dir noch viel mehr ein? Probier's doch mal aus.

Alpakawolle

Schurgarn

Angorawolle

Garne aus Tierhaaren

Wolle aus Tierhaaren ist etwas filziger und sieht auch schon ein bisschen „wolliger“ aus als andere Garne. Sie hält schön warm, daher werden aus reinem Tierhaar meist dicke Jacken, Norwegerpullover oder Socken gestrickt. Verschiedene Tiere dienen als Wolllieferanten.

Die weiche Merino- und die etwas grobere Lopiwolle stammt von Schafen, langfaseriges Mohair- und das feine, weiche Kaschmirgarn von Ziegen, Alpaka von Kamelen und wärmende Angorawolle von Kaninchen.

Microfaser

Acrylgarn

Wollgarngemisch

Synthetische Garne bzw. Kunstfasern

Synthetische Wollgarne bestehen meistens aus Polyacryl, Polyester oder Nylon. Sie können ganz unterschiedlich aussehen. Wenn sie etwa zu Mikrofaser verarbeitet wurden, sind sie glatt und fein. Garne aus Kunstfasern kratzen nicht auf der Haut, aber sie sind etwas weniger formstabil und bilden beim Tragen schnell kleine Knötchen auf der Oberfläche, die man „Pilling“ nennt. Es gibt sie in unglaublich vielen Farben und Garnstärken und sie sind relativ preiswert. Manche synthetischen Garne werden sogar aus recycelten PET-Flaschen hergestellt.

Wollgarngemische

Die meisten Wollgarne sind Mischungen aus unterschiedlichen Wollgarnqualitäten, z. B. aus Merinowolle und Polyacryl. Durch die Mischung dieser beiden Materialien erhält man etwa ein wärmendes Garn, das nicht so schnell Knötchen bildet, nicht kratzt, nicht filzt und zudem noch preiswert ist.

Bändchengarn

Flammengarn mit eingezogenem Streifen

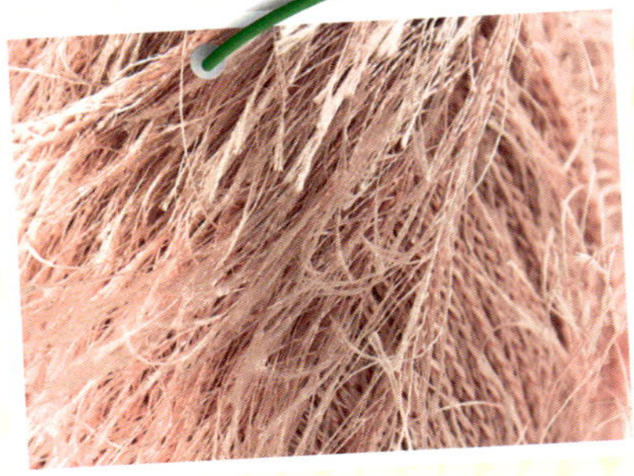

Fransengarn

Effektgarne

In manche Wollgarne sind Silberfäden (wie Lurex) oder Stretchmaterialien (wie Elastan) eingesponnen. Man nennt sie Effektgarne. Daneben gibt es Bouclé-, Schlingen-, Fransen- oder Flammengarne und sogar Garne mit Pompons. Die Effektgarne muss man meistens mit etwas größeren Stricknadeln verarbeiten, um den Effekt voll zur Geltung zu bringen.
Die Arbeit mit Effektgarnen ist manchmal etwas verwirrend, daher sind sie für Strickanfänger nicht empfehlenswert.

Pompongarn

Garnfarben

Wollgarne gibt es in allen erdenklichen Farbvarianten. Bei gefärbten Garnen sind den Farben keine Grenzen gesetzt. Es gibt sie in rot, blau, grün, gelb, in modernen Farben wie pink oder türkis, bis hin zu neon. Viele Garne sind einfarbig, es gibt aber auch mehrfarbige Garne. Bei meliertem Garn sind zwei oder mehr Farben gemischt. Bei Tweedgarn haben die miteinander verdrehten Fasern unterschiedliche Farben. Bei Multicolorgarnen (z. B. Sockengarne) wechselt der ganze Garnstrang innerhalb der Lauflänge die Farbe. Dabei ergibt sich beim Stricken von selbst ein tolles Muster, ohne dass man während des Strickens das Garn wechseln muss. Ungefärbte, naturbelassene Garne sind wollweiß oder beige bis hin zu Brauntönen.

Tweed

Multicolorgarn

Wollgarnstärken

Wollgarne gibt es in verschiedenen Stärken. Sehr dünne Sport- oder Sockengarne werden mit Stricknadeln der Stärke 2–3 mm verarbeitet. Sie sind für Muster und Formstricken gut geeignet. Aus Wollgarn für Nadeln der Stärke 3,5–4,5 mm strickt man Pullover oder Socken. Wollgarn für Nadeln ab 4,5 mm ist schon relativ dick, sodass man damit kann auch recht schnell stricken kann. Sehr dickes Garn für eine Stricknadelstärke ab 6 mm ist besonders geeignet für Mützen oder Schals. Extra dickes Garn wird mit Nadeln ab der Stärke 8 mm verarbeitet.

Wenn du noch nicht so geübt im Stricken bist, sind etwas dickere Garne für die Stricknadelgröße 5–8 mm gut geeignet. Achte auch darauf, dass die Fasern des Wollgarns relativ fest verdreht sind, damit du mit der Stricknadel nicht so leicht aus Versehen zwischen die Fasern stichst. Dickere Garne bringen nicht immer schneller Ergebnisse, weil die Stricknadeln ab 8 mm nicht mehr so gut in der Hand liegen.

Was sagen dir die Banderolen?

Alles, was du über die Wolle wissen musst, steht auf den Banderolen, den Papierbändchen, die um die Knäuel geklebt sind.

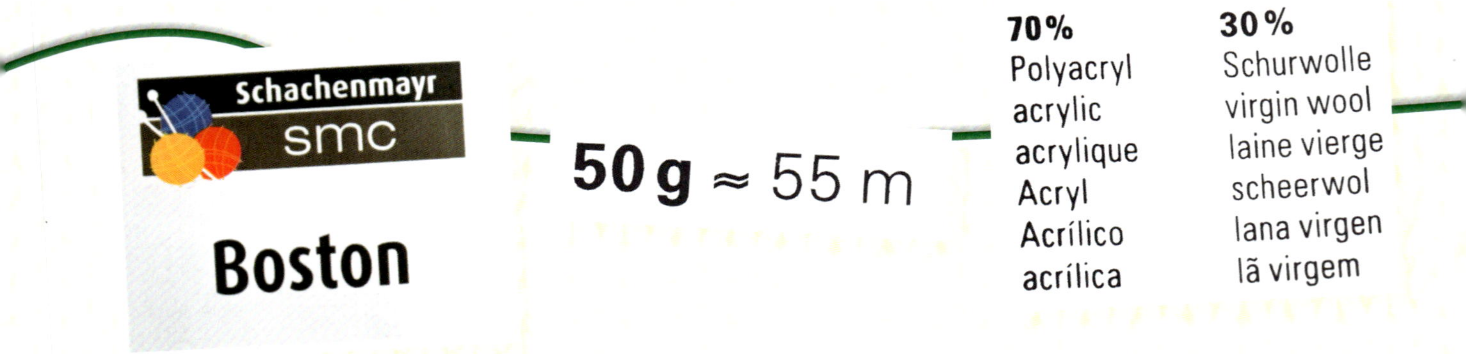

Auf den Banderolen steht immer, welche Firma das Garn hergestellt hat (z. B. Schachenmayr) und wie das Garn heißt (z. B. Boston).

Garnknäuel werden in Gramm verkauft, meistens 50 g oder 100 g pro Knäuel. Die Lauflänge (z. B. „55 m") gibt an, wie lang der Faden ist, wenn du ihn vom Knäuel abwickelst.

Die Zusammensetzung des Materials zeigt an, aus welchen unterschiedlichen Qualitäten die Wolle anteilig besteht (z. B. 30% Schurwolle, 70% Polyacryl).

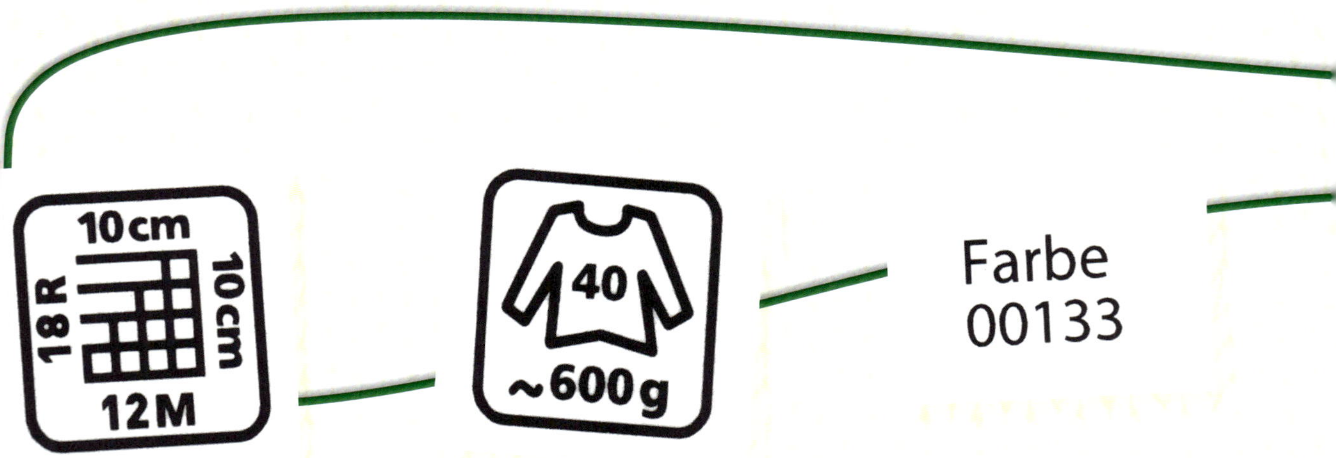

Die „Maschenprobe" gibt an, wie viele Maschen in der Breite und wie viele Reihen in der Höhe ein Quadrat von 10 cm x 10 cm ergeben. Das ist wichtig, wenn du einen Pulli oder ein anderes Kleidungsstück strickst, das passen soll. Wenn du fester oder lockerer strickst, brauchst für dieselbe Größe nämlich vielleicht mehr oder weniger Maschen und Reihen. Mit Hilfe der Maschenprobe kannst du deine Strickweise mit der in der Anleitung abstimmen (siehe S. 22).

Das Pulloversymbol zeigt an, wie viel Gramm Wollgarn man von diesem Wollgarn braucht, um einen Pullover in einer bestimmten Größe zu stricken (z. B. „ca. 600 g"). Meist ist der Verbrauch für Größe 40 angegeben.

Die Farbkodierung: Jede Farbe hat einen bestimmten Zahlencode, den der Hersteller festlegt, z. B. Farbe 00133.

Pflegehinweise (z. B. „Bei 30° waschen“, „Nicht bleichen und nicht schleudern“, „Nicht bügeln“ usw.) sagen dir, wie du dein Modell später waschen kannst.

Die Nadelstärke gibt an, welche Strick- oder Häkelnadelstärke zum Verarbeiten geeignet ist. Meist ist eine Spanne angegeben, z. B. 7–8 mm. Das bedeutet, du kannst eine Stricknadel der Stärke 7 oder 8 mm verwenden, je nachdem wie fest oder locker du stricken möchtest. In den USA haben die Stricknadeln andere Größenbezeichnungen, darauf bezieht sich die zweite Angabe.

Partie
B-1165

Neben dem Farbcode steht die Partienummer. Knäuel mit derselben Parteinummer stammen alle aus demselben Farbbad, in dem die Wolle gefärbt wird. Verwendest du unterschiedliche Partienummern, kann es sein, dass die Farben geringfügig voneinander abweichen. Achte also immer auf die identische Partienummer.

TIPP

Hebe dir immer eine Banderole der Wolle, die du verarbeitet hast, zusammen mit Wollproben mit den verschiedenen Farbnummern auf. So weißt du immer, wie du dein Gestricktes pflegen musst, und kennst die genaue Farbbezeichnung, falls du Wolle nachkaufen möchtest. Klebe doch einfach beides in ein kleines Heftchen.

Grundausstattung

Das Werkzeug

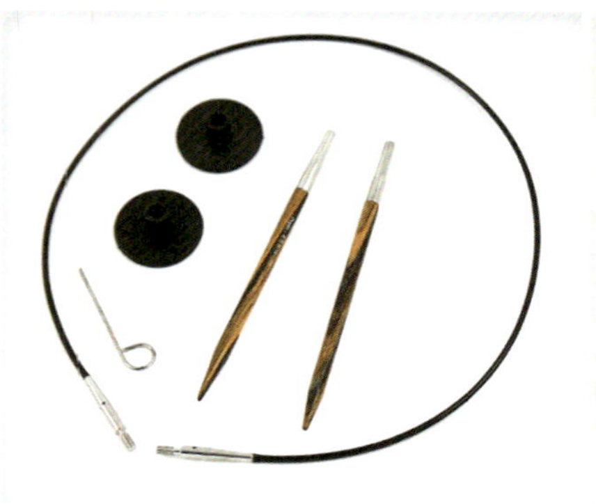

Stricknadeln

Stricknadeln gibt es aus Metall, aus Kunststoff oder aus Naturmaterialien wie Ebenholz, Rosenholz oder Bambus. Für den Anfang eignen sich Nadeln aus Naturmaterialien, da sie weniger rutschig sind. Die Stricknadelgrößen geben den Durchmesser der Stricknadel in Millimeter an. Die Nadelgröße findest du geprägt oder gedruckt auf den Stricknadeln.

Für Anfänger eignen sich die langen „Jackenstricknadeln" – das sind die mit dem Knubbel oder der Kugel am Ende. Man benutzt sie paarweise. Sie eignen sich prima für kleinere Flächen.

Rundstricknadeln haben starre Spitzen, die mit einer dünnen „Strippe" verbunden sind. Du benutzt sie, um Schlauchförmiges zu stricken wie z. B. Loopschals. Auch für sehr breite Strickarbeiten sind sie geeignet. Praktisch sind Rundstricknadeln, deren „Strippen" du auswechseln kannst. So kannst du die Strippenlänge immer anpassen, je nach Größe des Strickstücks. Wenn du Stopper auf die Nadeln schraubst, kannst du sie auch ohne Strippe verwenden.

Das „Nadelspiel" besteht aus fünf Nadeln. Mit ihm kannst du Fingerhandschuhe oder Socken stricken.

Stopf- und Wollnadeln

Stopf- oder Wollnadeln haben eine abgerundete Spitze und meistens ein großes Nadelöhr. Deswegen eignen sie sich gut zum Vernähen von Wollgarnen. Mit der runden Spitze kommst du durch die Maschenglieder, ohne versehentlich an den Fasern der Garne hängen zu bleiben.

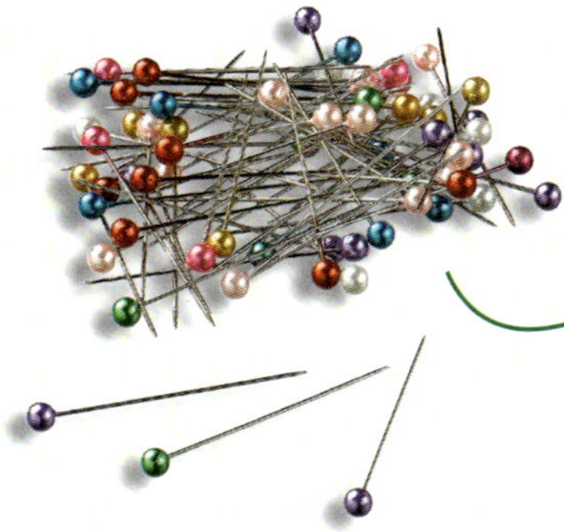

Stecknadeln

Mit Stecknadeln fixierst du einzelne Teile deiner Strickmodelle, während du sie zusammennähst.

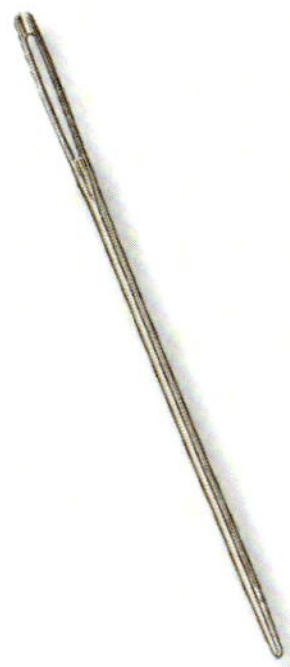

Kirschkerne, Linsen, Reis

Auch Kirschkerne, Linsen oder Reis sind gute Füllmaterialien, wenn du etwa den Boden eines Türstoppers beschweren willst, oder für einen „Ansitzer". Achte darauf, dass du mit Linsen und Reis gefüllte Modelle nicht waschen kannst.

Maschenraffer

Auf einen Maschenraffer kannst du Maschen auffädeln und dort „stilllegen", während du an einer anderen Stelle weiterstrickst. Später nimmst du die Maschen wieder auf die Stricknadel auf und strickst dort weiter. Mit einem Maschenraffer arbeitest du etwa, wenn du nacheinander zwei Träger strickst.

Nähnadeln

Mit Nähnadeln bringst du kleine Knöpfe und Perlen an deiner Strickarbeit an, da durch deren Löcher oft keine Stopfnadel passt.

Schere

Mit einer kleinen spitzen Schere schneidest du Fäden ab. Je schärfer die Schere, desto glatter ist der Schnitt So lassen sich die Endfäden am besten zum Vernähen auf die Nadeln fädeln.

Lineal

Mit einem Lineal misst du die Länge und Breite deiner Maschenprobe. So kannst du ermitteln, wie viele Maschen und Reihen du auf 10 cm x 10 cm strickst, und die Anzahl von Maschen und Reihen bei deinem Strickstück eventuell anpassen.

Reihenzähler

Einen Reihenzähler steckst du auf deine Stricknadel und stellst an dem Zählrädchen die Reihen oder Runden ein, die du schon gestrickt hast. Um Reihen oder Runden zu zählen, kannst du auch einfach eine Strichliste auf Papier machen.

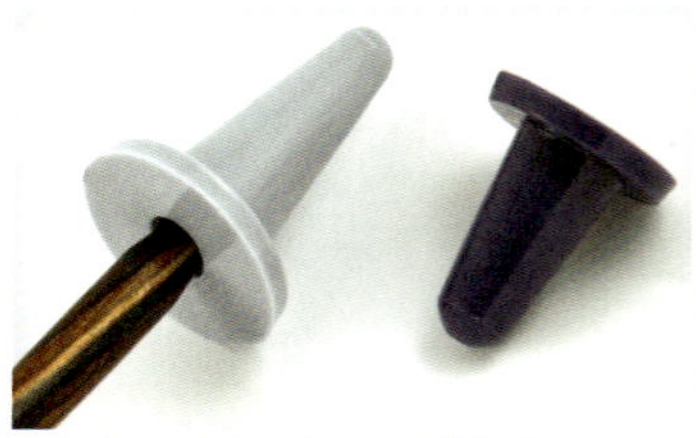

Maschenmarkierer

Mit einem Maschenmarkierer kennzeichnest du den Rundenanfang oder das Rundenende. Du kannst stattdessen auch einen Faden in einer anderen Farbe in deine Strickarbeitarbeit einlegen und am Ende einfach rausziehen.

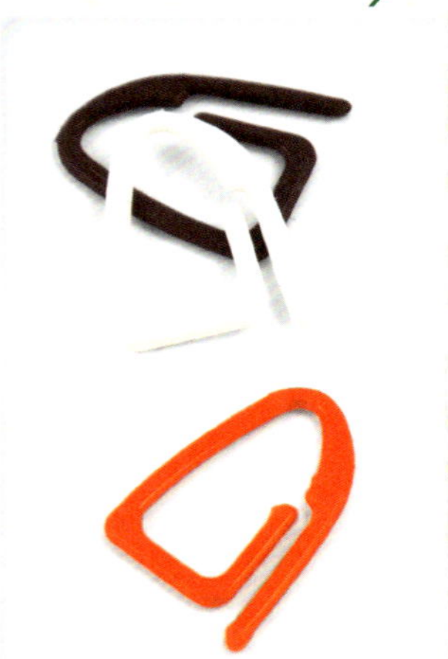

Maschenstopper

Maschenstopper kannst du auf die Enden der Stricknadeln eines Nadelspiels stecken, damit dir beim Stricken nicht versehentlich die Maschen von den Nadeln rutschen. Sie sind hilfreich, wenn du sehr locker strickst oder mit sehr glatten Garnen arbeitest.

Das Material

Knöpfe, Perlen und Pailletten

Knöpfe, Perlen und Pailletten gibt es in verschiedenen Farben und Größen. Du kannst sie toll zum Dekorieren deiner Strickstücke verwenden. Und auch die ein oder andere ungleichmäßig gestrickte Stelle lässt sich hinter einem Knopf gut verstecken. Trenne Knöpfe, Pailletten und Perlen von alten Kleidungsstücken ab und verwende sei für deine Strickstücke.

Bänder

Mit Bändern kannst du dein Gestricktes ganz einfach raffen. Satin- oder Baumwollbänder gibt es in vielen verschiedenen Farben und Mustern.

Textilkleber

Mit Textilkleber klebst du Strickteile, Knöpfe oder Bänder auf, wenn du sie nicht annähen möchtest.

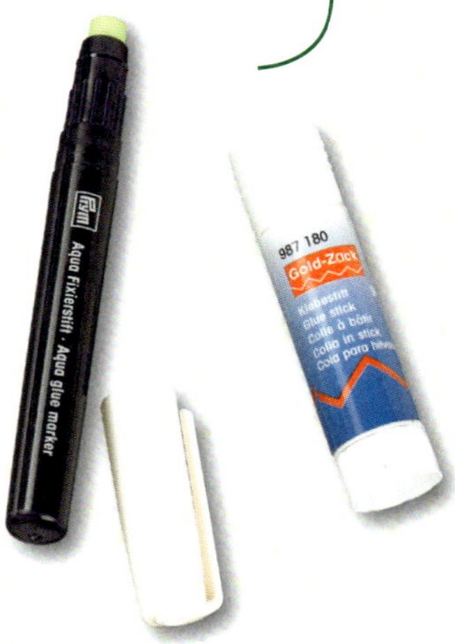

Füllwatte

Mit Füllwatte stopfst du Kissen, Stricktiere oder Puppen aus. Achte beim Kauf darauf, dass sie waschbar ist. Stopfe immer nur kleine Mengen Stück für Stück in dein Modell, so lässt sich die Watte leichter in die gewünschte Form bringen.

Nähgarn

Nähgarn brauchst du, um kleine Knöpfe oder Rocailleperlen anzunähen. Eine Wollnadel und ein Wollfaden würden nicht durch die engen Löcher passen.

Stricken Schritt für Schritt

Maschenanschlag mit einer Nadel

1 Fädle zuerst den Faden um deine Finger. Dazu führst du den Anfangsfaden des Knäuels von hinten zwischen kleinem Finger und Ringfinger nach vorn und zwischen Mittelfinger und Zeigefinger wieder nach hinten.

2 Führe den Faden nun am Zeigefinger vorbei wieder nach vorn und lege ihn im Uhrzeigersinn um den Daumen.

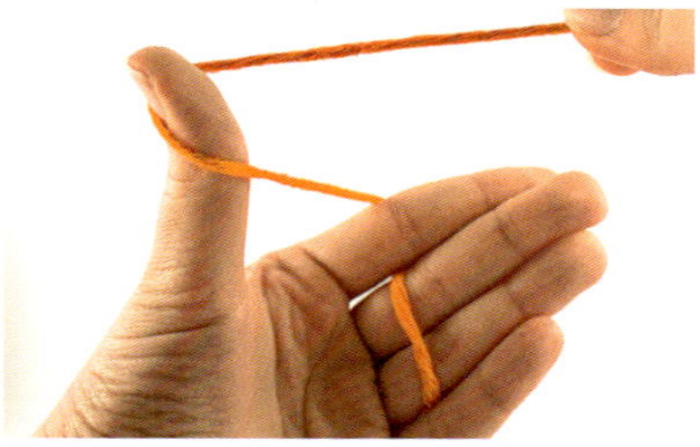

3 Führe anschließend den zwischen Daumen und Zeigefinger gespannten Faden zur Handfläche.

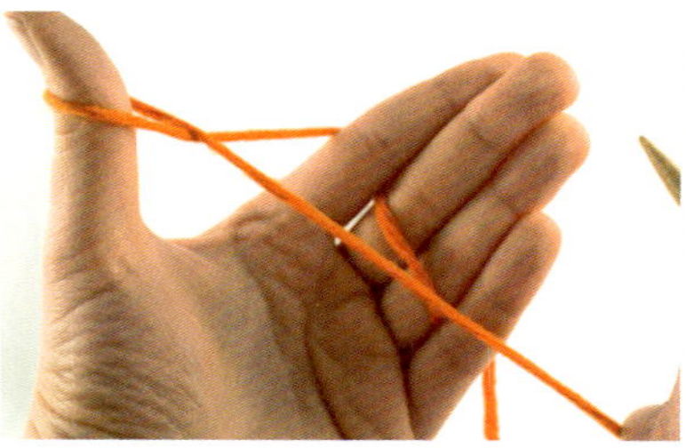

4 Klemme den Faden zwischen deiner Handfläche und Mittel-, Ring- und kleinem Finger straff ein.

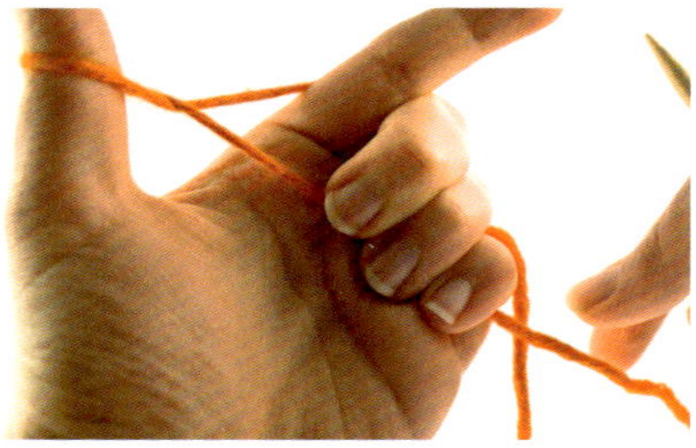

5 Jetzt kommt der Maschenanschlag. Nimm die Stricknadel in die rechte Hand und schiebe die Spitze von unten nach oben durch die Schlinge, die um den Daumen liegt.

6 Kippe deine linke Hand etwas nach vorn und hole mit der Stricknadelspitze den zwischen Daumen und Zeigefinger gespannten Faden, indem du ihn gegen den Uhrzeigersinn aufnimmst.

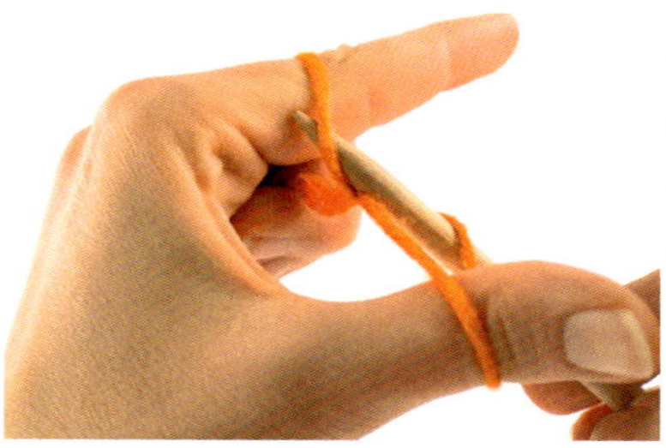

7 Ziehe den aufgenommenen Faden nun durch die Schlinge am Daumen.

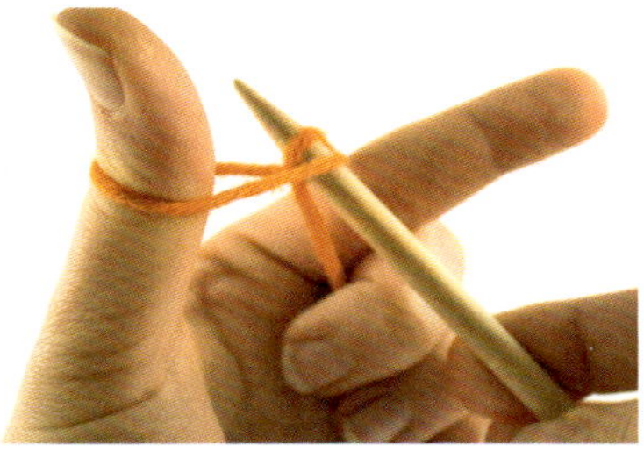

8 Sobald der Faden durch die Schlinge gefädelt ist, lässt du die Schlinge vom Daumen gleiten. Ziehe am Arbeitsfaden, damit sich die entstandene Masche um die Stricknadel zuzieht. Halte die Schlinge mit dem Daumen der rechten Hand beim Zuziehen fest.

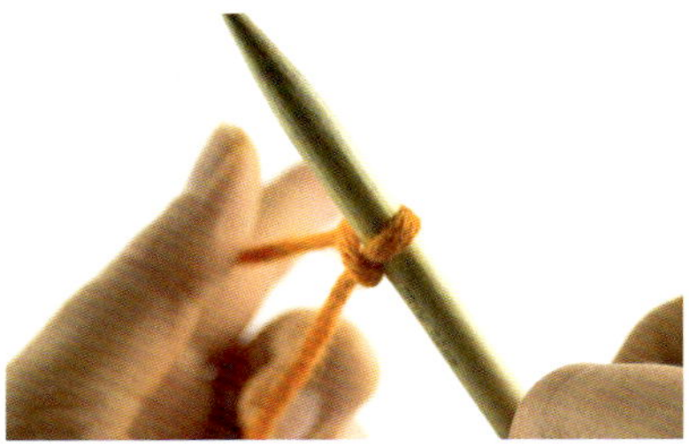

9 Jetzt führst du den Arbeitsfaden mit der Nadel wieder gegen den Uhrzeigersinn um den Daumen und wiederholst Schritt 5–8, bis du genug Maschen auf der Stricknadel hast.

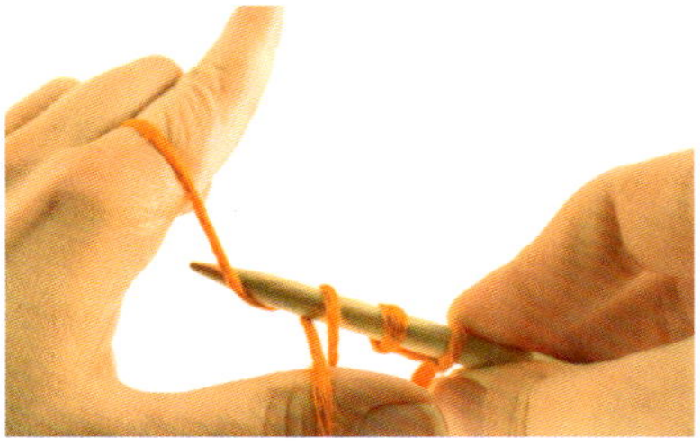

TIPP

Verwende zum Stricken den Faden aus dem Inneren des Knäuels, sonst rollt das Knäuel immer weg, wenn du am Faden ziehst. Du kannst auch das Knäuel zu einem Ball aufwickeln, bevor du mit dem Stricken anfängst. Lege den Ball in eine Schüssel neben dich, damit er nicht wegrollen kann.

Maschenanschlag mit zwei Nadeln

Wenn du sehr feste Maschen anschlägst, kannst du die Maschen auch auf zwei Nadeln anschlagen. Bevor du losstrickst, ziehst du einfach eine Nadel raus.

Nadel- und Fadenhaltung

Nimm die leere Stricknadel in die rechte Hand. Die Stricknadel mit dem Maschenanschlag und dem Arbeitsfaden hältst du in der linken Hand. Wickle den Arbeitsfaden, der am Knäuel hängt, um den Zeigefinger der linken Hand. Du kannst den Faden linksherum oder rechtsherum um den Zeigefinger wickeln. Auch wie oft du ihn darum wickelst, kannst du ausprobieren. Der Arbeitsfaden muss in jedem Fall straff sitzen und gleichzeitig flüssig laufen, während du strickst.

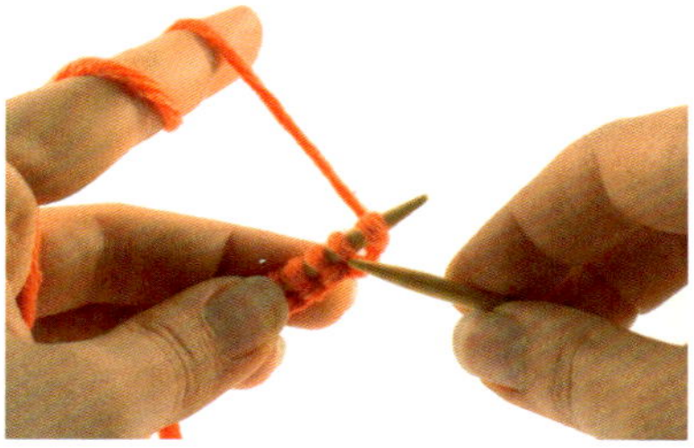

Rechte Maschen

1 Lege den Arbeitsfaden hinter die Stricknadeln. Stich mit der rechten Stricknadelspitze von vorne links nach hinten rechts durch die 1. Masche. Die Spitze der rechten Nadel ist nun hinter der linken Nadel.

2 Führe die rechte Nadelspitze mit einer kleinen Drehung gegen den Uhrzeigersinn von hinten um den Arbeitsfaden. Du kannst den Faden auch mit dem Zeigefinger, um die Nadelspitze legen. Ziehe den Faden vorsichtig durch die Masche zurück, die du durchstochen hast. Führe dazu die die rechte Stricknadelspitze eng unter der linken Nadel vorbei, so rutscht der Faden nicht herunter.

3 Der durchgezogene Faden liegt nun als Schlinge auf der rechten Nadel. Ziehe die rechte Stricknadel mit der Schlinge behutsam nach rechts, sodass die Masche von der linken Nadel heruntergleitet. Deine erste rechte Masche ist geschafft! Verfahre genauso mit allen anderen Maschen auf der linken Nadel.

Linke Maschen

1 Lege den Arbeitsfaden vor die Stricknadeln. Stich mit der rechten Stricknadelspitze von rechts nach links in die 1. Masche, bis die Spitze links von der Masche herausschaut.

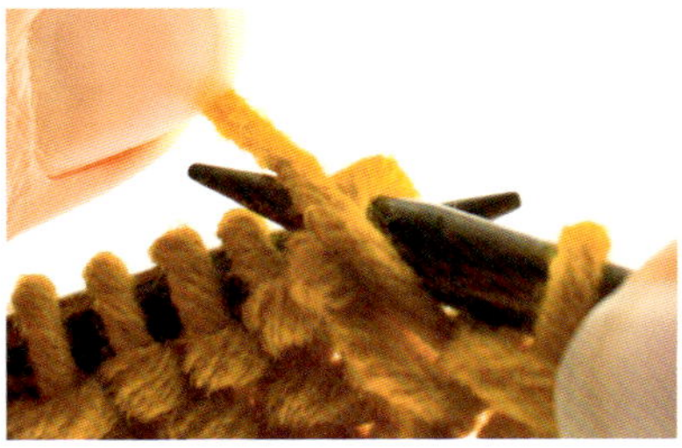

2 Wickle mit dem linken Zeigefinger den Arbeitsfaden von vorn nach hinten um die Stricknadelspitze.

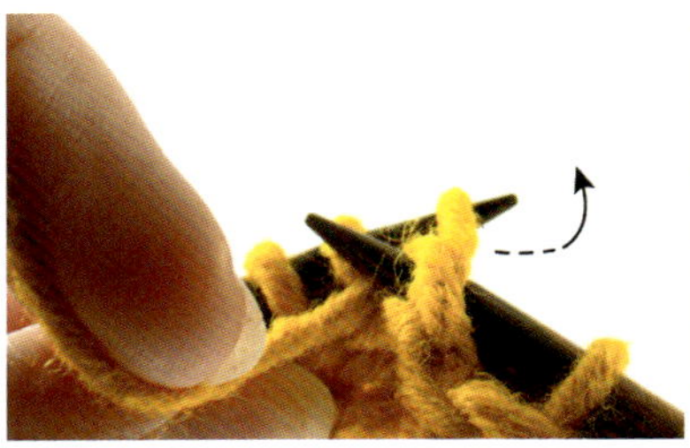

3 Kippe anschließend die rechte Nadel leicht nach oben gegen die linke Nadel und ziehe sie mit dem Faden durch die durchstochene Masche zurück nach rechts.

4 Der Faden, den du durchgezogen hast, liegt nun als Schlinge auf der rechten Stricknadel. Nun ziehst du die rechte Nadel mit der Schlinge vorsichtig nach rechts, sodass die Masche von der linken Nadel heruntergleitet. Deine erste linke Masche ist geschafft. Verfahre genauso mit allen anderen Maschen auf der linken Nadel.

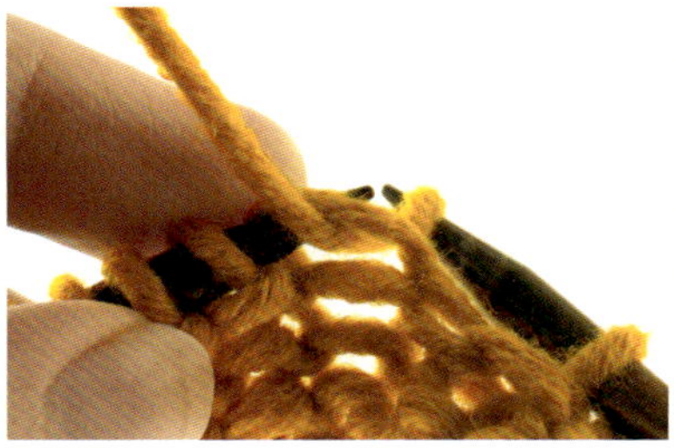

TIPP

Maschen anzuschlagen und die ersten Reihen zu stricken, ist am kniffligsten. Wenn du noch nicht so geübt bist, kannst du dir von einer erfahrenen Strickerin oder einen erfahrenen Sticker den Anfang machen lassen und dann erst einmal nur die rechten und linken Maschen üben.

Einen neuen Faden ansetzen

Wenn du mit mehreren Farben arbeitest, musst du bei Farbwechseln einen neuen Faden ansetzen. Dazu knotest du am Beginn einer neuen Reihe den neuen Faden einfach dicht an der Nadel an den Arbeitsfaden an und strickst damit weiter. Genauso machst du es, wenn du mitten in einer Reihe einen neuen Faden ansetzen willst. Die beiden Fäden knotest du später wieder auf und vernähst sie.

Maschenprobe

Die Maschenprobe am Anfang von Strickanleitungen oder auf der Banderole gibt an, wie viele Maschen in der Breite und Reihen in der Höhe in der verwendeten Maschenart oder dem Muster des Modells ein Quadrat von 10 cm x 10 cm ergeben sollen. Die Angaben auf der Banderole beziehen sich immer auf glatt rechtes Gestrick. Die Angaben sind wichtig, wenn du Kleidungsstücke strickst, die gut passen sollen. Du strickst eine Maschenprobe und vergleichst sie mit den Angaben in der Anleitung.

1 Schlage etwa 1,5-mal so viele Maschen an, wie angegeben sind. Dann strickst du so viele Reihen, bis du ein Quadrat erhältst. Miss mit dem Lineal ein Quadrat von 10 cm x 10 cm auf deinem Probequadrat ab und stecke je eine Stecknadel in die vier Ecken. Platziere dein Stecknadel-Quadrat nicht am Rand, sondern mittig auf dem gestrickten Stück.

2 Zähle bei deinem abgesteckten Quadrat die Maschen in der Breite und die Reihen in der Höhe. Zähle auch halbe Maschen mit. Bei glatt rechtem Gestrick ist eine Masche ein kleiner Zopf (auf dem Foto grün markiert). Hat deine Maschenprobe mehr Maschen und Reihen auf 10 cm x 10 cm, solltest du die nächstgrößere Stricknadel benutzen. Hat sie weniger, verwendest du die nächstkleinere Nadel.

Randmaschen

Randmaschen strickst du, damit dein Strickstück einen schönen Rand bekommt. Am einfachsten ist es, Randmaschen immer rechts zu stricken. Dazu strickst du die erste und die letzte Masche einer Reihe immer als rechte Masche, auch wenn du in der Reihe linke Maschen gestrickt hast.
Damit du an die Randmaschen denkst, kannst du dir auf jeder Seite einen Maschenmarkierer einhängen.

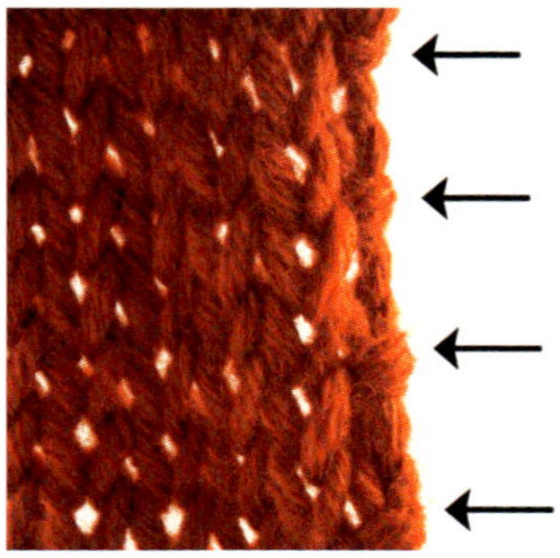

Damit sich die Seitenkanten von glatt rechtem Gestrick nicht rollen, kannst du die ersten 3 und die letzten 3 Maschen einer Reihe immer rechts stricken.

Maschen abnehmen

Wenn dein Strickstück an einer Stelle schmaler werden soll, nimmst du Maschen ab. Am einfachsten ist es, 2 Maschen rechts zusammenzustricken. Stich dazu von links nach rechts durch 2 Maschen gleichzeitig. Hole den Arbeitsfaden und ziehe ihn durch beide Maschen. Auf deiner rechten Nadel hast du anschließend nur noch 1 Schlinge.

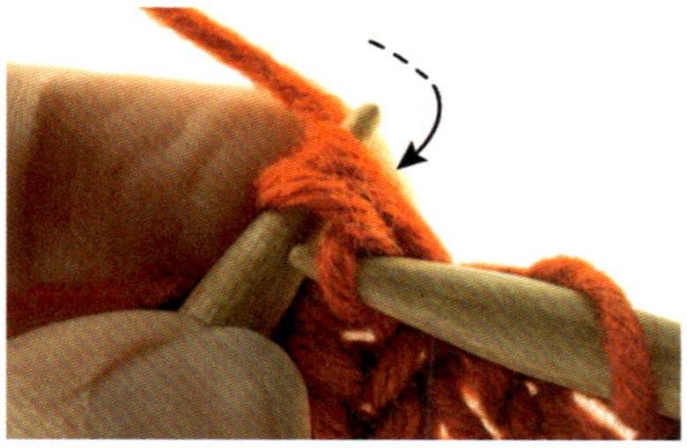

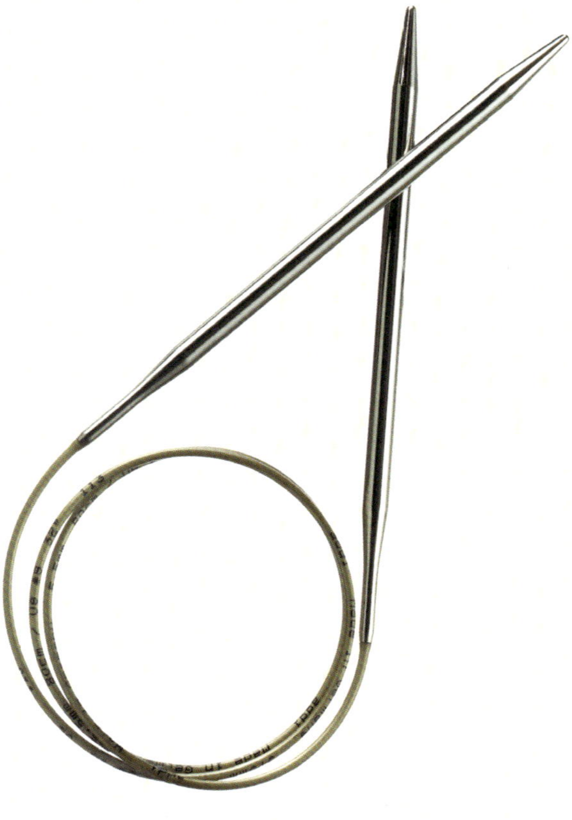

Maschen zunehmen

Wenn dein Strickstück an einer Stelle breiter werden soll, nimmst du Maschen zu. Am einfachsten ist es, aus einer Masche eine zweite heraus zu stricken. Stricke dazu 1 rechte Masche. Lass danach die gestrickte Masche nicht von der der linken Nadel heruntergleiten, sondern auf der linken Nadel liegen. Stich mit der rechten Nadel hinter der linken Nadel erneut in die Masche ein. Ziehe den Arbeitsfaden mit der Nadel durch die Masche. Du hast jetzt eine 2. Schlinge auf der rechten Stricknadel liegen. Die gestrickte Masche kannst du anschließend von der Nadel gleiten lassen.

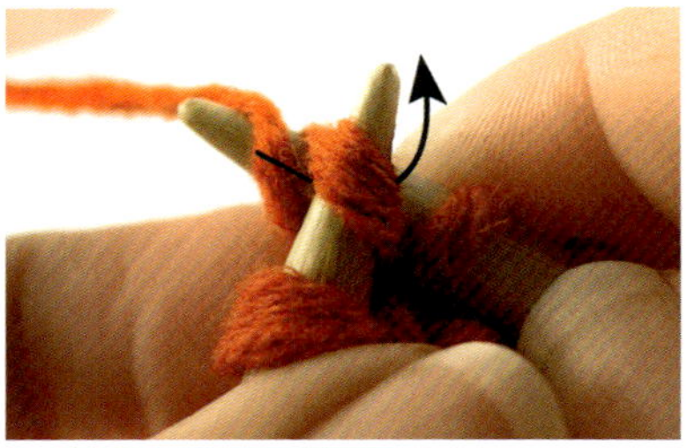

Maschen aufnehmen

Um ein Strickstück rundherum mit einem Bündchen zu umstricken, muss man manchmal Maschen aufnehmen. Am einfachsten für Strickanfänger ist es, einen neuen Faden mit einer Wollnadel im Überwendlingsstich (siehe Seite 33) durch den Rand zu führen. Die so entstandenen neuen Schlingen kannst du auf die Stricknadel fädeln und damit wie mit normalen Maschen stricken.

Neue Maschen aufnehmen innerhalb einer Arbeit

1 Wenn du innerhalb einer Arbeit neue Maschen aufnehmen möchtest, verfährst du genauso wie beim Maschenanschlag (siehe Seite 18).

2 Mit dem rechten Daumen drückst du die neu angeschlagene Masche beim Straffen ein wenig gegen die Stricknadel.

Abketten

Wenn du ein Stück fertig gestrickt hast, musst du die Maschen abketten, damit sie sich nicht wieder auflösen. Je nachdem ob du linke oder rechte Maschen gestrickt hast, kettest du die Maschen auch links oder rechts ab. Das sieht schöner aus und die Kante bleibt dadurch dehnbar. Damit die Kante, die beim Abketten entsteht, noch elastischer wird, kannst du für die rechte Hand eine Stricknadel verwenden, die 1–2 Stricknadelgrößen größer ist. Wenn du alle Maschen abgekettet hast, schneidest du am Reihenende den Faden 15 cm vom Knäuel entfernt ab und ziehst die letzte Schlinge lang, bist das Fadenende durchrutscht.

Rechts abketten

Stricke die 1. und die 2. Masche rechts. Stich mit der linken Nadel in die 1. Masche, stülpe sie über die 2. Masche und ziehe sie von der rechten Nadel herunter. Die verbleibende Masche kannst du dabei mit dem Finger etwas festhalten. Stricke die nächste rechte Masche und stülpe wieder die zuvor gestrickte von der rechten Nadel darüber.

Links abketten

Stricke 2 linke Maschen, dabei liegt der Arbeitsfaden vorn. Lege den Arbeitsfaden nach hinten und stich mit der linken Nadel in die 1. der 2 Maschen ein, stülpe sie über die 2. und ziehe sie von der Nadel. Lege den Arbeitsfaden wieder nach vorn und stricke die nächste linke Masche. Stülpe anschließend wieder die verbliebene Masche auf der rechten Nadel darüber.

Bündchen abketten

Stricke und kette die Maschen ab, wie sie erscheinen. Linke Maschen strickst du also links und kettest sie links ab, rechte Maschen rechts. Achte darauf, dass beim Überstülpen der Arbeitsfaden immer hinter der Stricknadel liegt, auch wenn du zuvor 1 linke Masche mit dem Arbeitsfaden vorn gestrickt hast.

Faden vernähen

Fädle den Faden in eine Wollnadel. Ziehe den Faden anschließend immer quer durch 4–5 Maschen und daneben in die entgegengesetzte Richtung zurück durch 4–5 Maschen (Rückstich).

Du kannst den Faden an Kanten auch durch die Randmaschen schlingen. Auch hier machst du anschließend einen Rückstich.

Strickliesel

1 Fädle Wollgarn auf eine Wollnadel. Gut geeignet ist Baumwollgarn für Nadelstärke 3–4,5 mm.

2 Schiebe die Nadel mit dem Garn durch die Strickliesel. Lass den Faden unten ca. 15 cm lang herausschauen und entferne die Nadel.

3 Jetzt wickelst du das Garn um die Haken. Beginne bei einem beliebigen Haken. Lege den Faden von rechts am Haken vorbei nach außen und führe ihn im Uhrzeigersinn um den Haken wieder nach innen.

4 Führe den Faden zum Haken rechts daneben und umwickle ihn von rechts im Uhrzeigersinn.

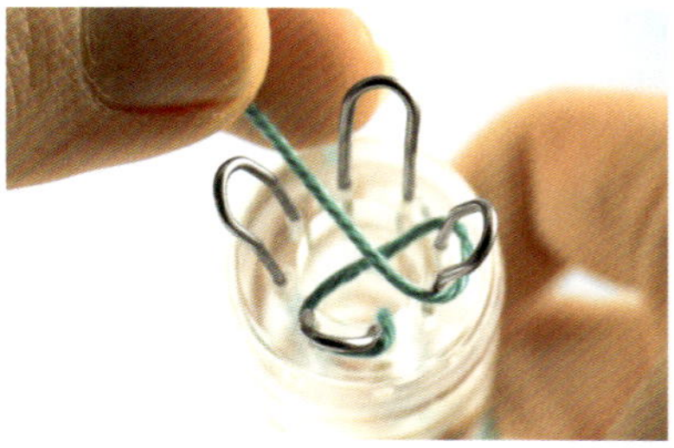

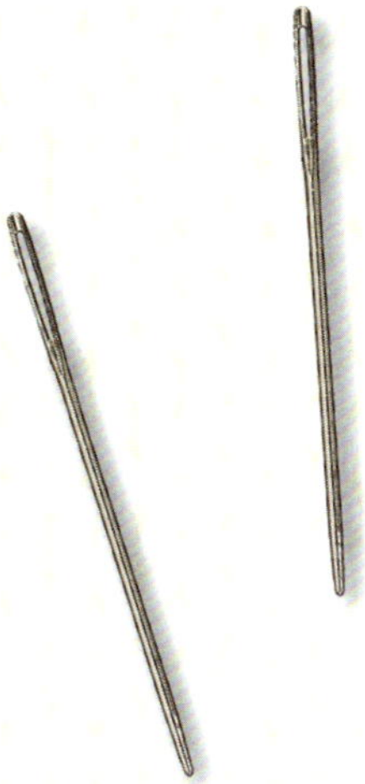

5 Umwickle auf diese Weise alle Haken.

6 Jetzt legst du den Faden gegen den Uhrzeigersinn außen einmal um alle Haken herum. Der Faden läuft oberhalb des zuerst gewickelten Fadens entlang. Klemme das Fadenende mit den Fingern der Hand ein, mit der du die Strickliesel festhältst, damit er straff bleibt.

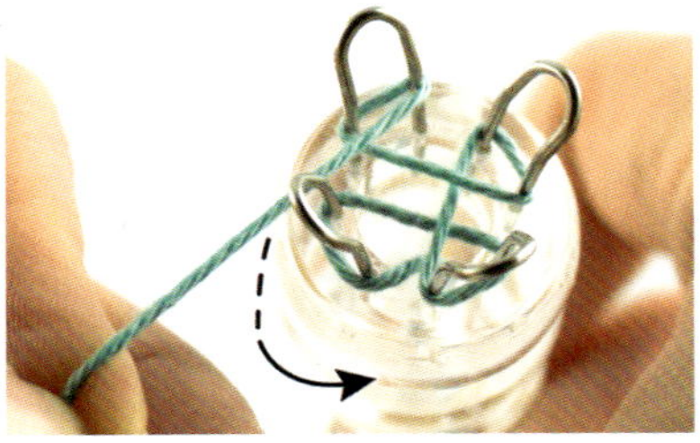

7 Stich mit dem beigelegten „Stift“ in die untere Schlinge des zuerst umwickelten Hakens.

8 Stülpe nun die Schlinge über den Haken und über den Arbeitsfaden. So verfährst du reihum gegen den Uhrzeigersinn bei jedem Haken. Achte darauf, dass du den Faden nicht zu straff um die Haken legst, sonst ist das Umstülpen schwer. Je mehr Reihen du auf diese Weise arbeitest, desto länger wird der Strang, der unten aus der Strickliesel herauskommt.

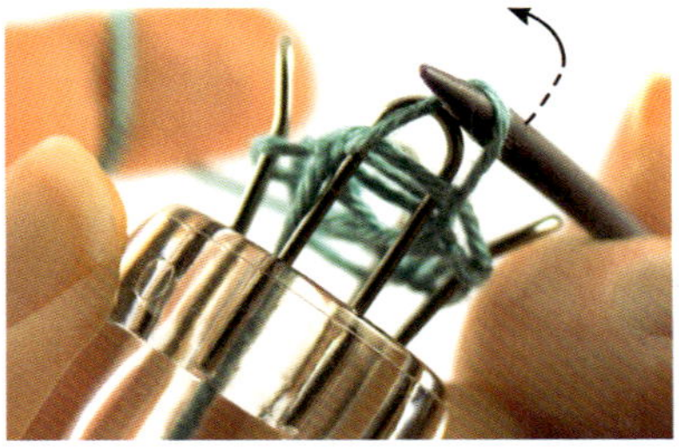

9 Wenn du deine Arbeit beenden willst, hebst du die letzten Schlingen ohne Umstülpen von den Haken und ziehst den Strang nach unten heraus. Schneide vorher den Faden ca. 20 cm vom Knäuel entfernt ab. Fädle den Endfaden auf eine Wollnadel und stich sie durch alle Schlingen. Achte dabei darauf, dass du die Nadel nicht zuerst durch die zuletzt gearbeitete Schlinge ziehst, sie löst sich sonst auf. Zum Schluss vernähst du den Faden.

TIPP

Anstelle des Stifts kannst du auch eine kleine Häkelnadel verwenden.

TIPP

In Strickliesel aus Holz verhaken sich bauschige Garne manchmal. Besser klappt es mit den Strickliesel aus Kunststoff.

1 Schlage auf einer Nadel aus dem Nadelspiel zwischen 4 und 7 Maschen an. Der Arbeitsfaden liegt nun links, das Fadenende rechts. Schiebe nun alle Maschen ans andere Ende der Stricknadel.

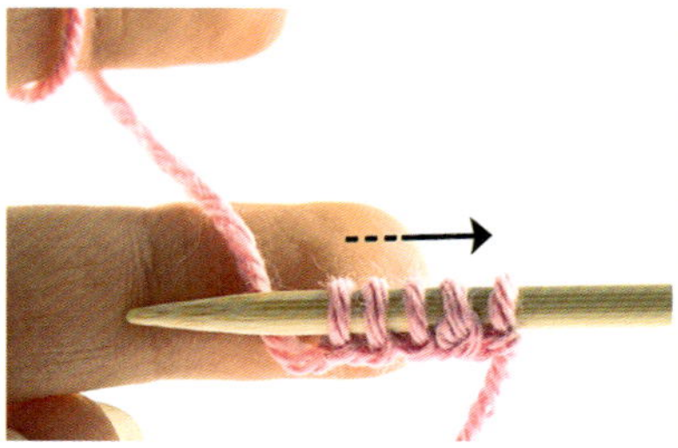

2 Der Arbeitsfaden liegt immer noch links. Ziehe ihn nun straff nach rechts und stricke mit einer 2. Nadel aus dem Nadelspiel rechte Maschen.

3 Jetzt liegen alle Maschen auf der rechten Nadel. Schiebe die gestrickte Reihe wieder nach rechts zur anderen Spitze. Ziehe den Arbeitsfaden wieder so nach rechts heran, dass du die Maschen stricken kannst. So verfährst du Reihe für Reihe.

4 Wenn dein Strang lang genug ist, ziehst du vorsichtig am Anfangsfaden, damit sich die Maschen in Form legen und der Strang sich einrollt.

5 Schneide den Faden 20 cm vom Knäuel entfernt ab. Fädle ihn auf eine Wollnadel und stich von rechts nach links durch alle Maschen auf der Nadel. Entferne die Stricknadel und vernähe den Faden.

Stricken mit dem Nadelspiel

Nahtlose Mützen, Fingerhandschuhe oder Stricksocken strickst du mit dem sogenannten Nadelspiel. Dabei arbeitest du mit 5 Nadeln.

1 Schlage eine durch 4 teilbare Anzahle Maschen auf einer Nadel des Nadelspiels an. Falls du sehr feste Maschen anschlägst, verwende 2 Nadeln zum Anschlagen.

2 Verteile anschließend auf jede der 4 Nadeln dieselbe Anzahl von Maschen. Ziehe dazu die Maschen einzeln auf die anderen Nadeln. Ist in der Anleitung keine durch 4 teilbare Maschenzahl angegeben, dann teilst du die Maschen so auf, dass auf jeder Nadel ungefähr gleich viele Maschen liegen.

3 Lege die 4 Nadeln zu einem Viereck. Drehe die Maschenkette so, dass alle Anschlagknötchen innen liegen. Achte darauf, dass die Kette nicht verdreht ist.

4 Die Stricknadel, auf der die Maschen liegen, die du strickst, hältst du in der linken Hand. Ziehe den Arbeitsfaden hinter die Maschenreihe auf der linken Nadel. Halte die Stricknadel, mit der du den Arbeitsfaden holst, in der rechten Hand. Man nennt diese 5. Nadel auch „Hilfsnadel“. Die Nadel links neben der, die du gerade strickst, lässt du mit der Spitze zwischen Zeigefinger und Daumen hindurchragen. Die anderen beiden Nadeln lässt du einfach „hängen“.

5 Stricke die Maschen auf der linken Nadel mit der Hilfsnadel in der rechten Hand rechts ab. Der Arbeitsfaden liegt dabei hinter den Maschen. Wenn du die Maschen auf der Nadel gestrickt hast, liegen alle Maschen auf der 5. Nadel. Mit der freien Nadel strickst du die Maschen auf der nächsten Nadel. Das wiederholst du bei allen 4 Nadeln. Dann hast du 1 Runde gestrickt.

6 Lege dir nach der 1. Runde einen Maschenmarkierer in deine Arbeit, um den Rundenanfang zu kennzeichnen. Danach strickst du Runde um Runde weiter.

7 Stricke so viele Runden, wie in der Anleitung angegeben, und kette dann alle Maschen ab.

Tipps und Tricks zum Stricken mit dem Nadelspiel

Stricke mit einem Nadelspiel aus Bambus oder Holz. Diese Nadeln sind weniger glatt als die herkömmlichen Stricknadeln.

Die erste Runde ist beim Stricken mit Nadelspiel am schwierigsten. Vielleicht kannst du eine erfahrene Strickerin bitten, die ersten 3 Runden zu stricken, damit du in Runde 4 einsteigen kannst. Dann wird das Stricken mit dem Nadelspiel etwas leichter, da das Gestrickte dann besser in Form bleibt und die Nadeln sich nicht mehr so leicht verdrehen.

Wenn du sehr locker strickst, kannst du Maschenstopper verwenden. Die steckst du auf die Nadelenden, damit die Maschen nicht herunterrutschen, während du strickst.

Stricke die 1. Masche jeder Nadel immer sehr fest, damit später im Schlauch an den Übergängen von Nadel zu Nadel keine Lücken sichtbar sind.

Manchmal kann es passieren, dass die Maschen so fest sind, dass du Schwierigkeiten beim Einstechen hast. Stich dann mit der rechten Nadel vorsichtig von links nach rechts durch die Masche. Anschließend ziehst du die Nadel wieder heraus. So weitest du die Masche etwas, bevor du sie strickst.

Wenn du sehr kleine Hände hast, kannst du es mit einem Strickspiel für Fingerhandschuhe versuchen. Diese Nadeln sind nur etwa 10 cm lang. Eine andere Möglichkeit sind „Knit Pro Cubic"-Stricknadeln. Sie haben einen quadratischen statt runden Querschnitt. Sie sind für Anfänger gut geeignet, weil sie gut in der Hand liegen und schöne gleichmäßige Maschen erzeugen.

Zunahmen und Abnahmen strickst du auch beim Nadelspiel in der Regel bei der 1. oder letzten Masche einer Nadel.

Erste Hilfe bei Fehlern

Aufribbeln

Wenn du einige Reihen tiefer einen Fehler gemacht hast, kannst du die Reihen aufribbeln. Dazu ziehst du die Stricknadel aus den Maschen heraus und ziehst vorsichtig am Arbeitsfaden. Die gestrickten Maschen lösen sich dabei auf. Ziehe so viele Reihen auf, bis du den Fehler beheben kannst. Nun fädelst du die Schlingen wieder auf die Stricknadel. Achte dabei darauf, dass du die Stricknadel an der jeweiligen Schlinge zunächst vorbeiführst und sie von vorn nach hinten auffasst (siehe Foto).

Kleine Fäden abschneiden

Wenn du sehr lose verdrehte Wollgarne strickst, kann es passieren, dass du nicht alle Fädchen des Garnstrangs erwischst. Die einzelnen Fäden stehen dann unschön aus dem Gestrick heraus. Wenn das, was heraussteht, weniger als ein Drittel der Breite des Garnstrangs entspricht, kannst die Fäden mit einer kleinen Stickschere dicht am Gestrick einfach abschneiden.

Gefallene Maschen hochhäkeln

Es kann passieren, dass eine Masche von der Nadel rutscht und sich nach unten immer weiter auflöst. Dann musst du die gefallene Masche wieder hochhäkeln.

1 Stricke bis zu der Stelle, an der die Masche gefallen ist. Sichere die Maschen auf der Stricknadel mit Maschenstoppern, damit nicht noch mehr Maschen fallen.

2 Lege dein Gestrick vor dich hin und stich mit einer Häkelnadel in die gefallene Schlinge ein. Ziehe den nächstliegenden der Querfäden über der Nadel durch die Schlinge auf der Häkelnadel.

3 Wiederhole das mit allen Querfäden. Dann ziehst du die Schlinge auf die Stricknadel und es kann weitergehen.

Zurückstricken

Hast du einen Fehler bemerkt, der in der gleichen Reihe passiert ist, in der du noch strickst, dann kannst du auch „zurückstricken".

1 Stich dazu mit der linken Strickadel in die jeweils gerade gestrickte Masche von links vorn nach rechts hinten ein.

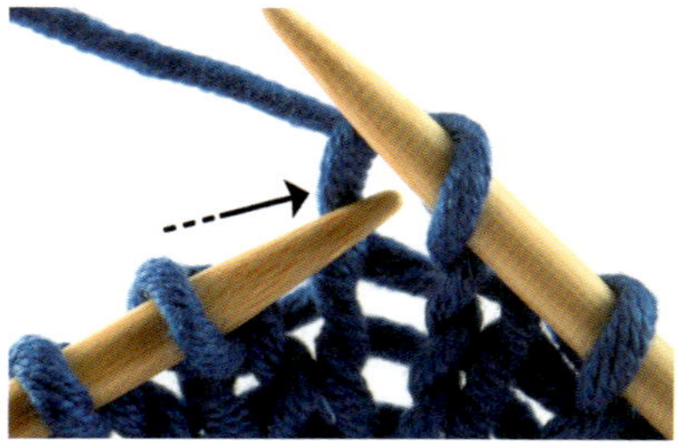

2 Ziehe die rechte Stricknadel vorsichtig aus der Masche heraus. Die Schlinge bleibt auf der linken Nadel liegen. Ziehe den Arbeitsfaden vorsichtig heraus und lege ihn wieder nach hinten. Stricke so viele Maschen zurück, bis du bei dem Fehler angelangt bist, den du beheben möchtest.

Modelle fertigstellen

Strickteile nass spannen

Um Strickteile zu glätten, werden sie nass gespannt. Lege ein großes altes Handtuch drei- oder vierfach zusammen, damit es schön dick ist. Lege dein Strickteil darauf und fixiere es an den Rändern mit Stecknadeln, die du tief in das Handtuch stichst. Verzogene Teile kannst du durch Ziehen etwas in Form bringen. Besprühe das Gestrick mit dem Blumensprüher, bis es relativ nass ist. Dann lässt du alles gut trocknen und entfernst die Nadeln. Einzelne Teile eines Modells, etwa eines Pullovers, solltest du vor dem Zusammennähen nass spannen.

Teile zusammennähen

Strickteile kannst du mit dem Überwendlingsstich oder mit dem Heftstich zusammennähen. Fixiere die Teile immer zuvor mit Stecknadeln, dreidimensionale Teile auch mit etwas Textilkleber, den du gut trocknen lässt. Fädle einen Wollfaden auf eine Wollnadel und verknote das Fadenende. Dann kannst du losnähen. Die Fäden vernähst du am Ende.

Heftstich

Mit dem Heftstich schließt du Nähte, die keiner großen Belastung, wie etwa einer Dehnung bei Kleidungsstücken, ausgesetzt sind. Stich die Nadel von unten nach oben durch zwei Strickteile und straffe den Faden. Dann stichst du 1 oder 2 Maschen weiter vorn von oben nach unten durch die Arbeit und straffst wieder den Faden.

Überwendlingsstich

Wenn du zum Beispiel Körperteile von Tieren zusammennähen möchtest, stich in ein Körperteil ein und knapp daneben wieder aus. Dann stichst du in das Teil ein, das du annähen möchtest, und knapp daneben wieder aus. Dann stichst du weiter abwechselnd in beide Teile ein und aus, ähnlich wie beim Knopfannähen. Bei flachen Teilen stichst du in Schlingen um die Außenkante herum.
Mit dem Überwendlingsstich kannst du auch Kanten verzieren. Außerdem dient er als Hilfe, um Maschen an einer Kante aufzunehmen, wo du ein neues Teil anstricken möchtest.

Knopf annähen

Fädle einen etwa 40 cm langen Faden auf eine Nähnadel. Lass ein Ende ca. 30 cm lang hängen und verknote das Ende. Lege den Knopf auf die entsprechende Stelle und stich mit der Nadel von hinten durch das Gestrick und durch ein Loch des Knopfes. Straffe den Faden und führe ihn durch das andere Knopfloch wieder nach hinten. Das wiederholst du einige Male und vernähst dann auf der Rückseite des Gestricks die Fadenenden.

Strickmuster

Kraus rechts

Wenn du nach dem Maschenanschlag nur rechte Maschen strickst, entsteht dieses Rippenmuster. Es heißt auch „kraus rechts“.

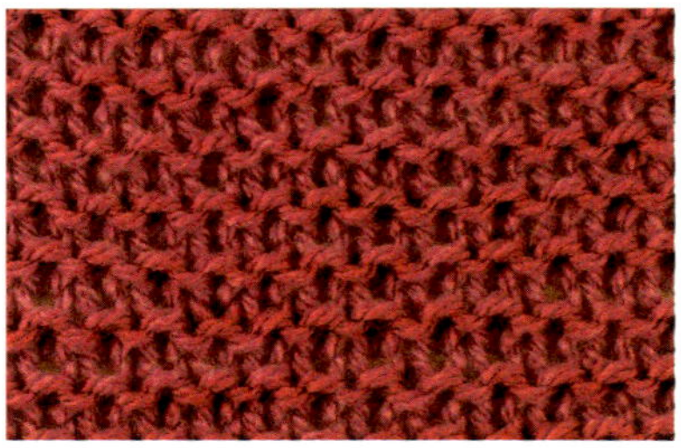

Glatt links

Wenn du nach dem Maschenanschlag nur linke Maschen strickst, entsteht dieses Muster. Auch die Rückseite von „glatt rechts“ Gestricktem sieht so aus.

Glatt rechts

Wenn du nach dem Maschenanschlag immer abwechselnd eine Reihe rechte Maschen und eine Reihe linke Maschen strickst, entsteht „glatt rechtes Gestrick“. Mit diesem Muster brauchst du weniger Reihe für die gleiche Höhe als etwa bei „glatt links“ oder „kraus rechts“. Die Vorderseite von glatt rechtem Gestrick sieht aus wie geflochtene Zopfreihen, die Rückseite sieht aus wie nur linke Reihen. Bei glatt rechts Gestricktem rollen sich die Seitenkanten stark ein. Du kannst die Strickteile glätten, indem du sie nass spannst (siehe Seite 33) oder indem du mit Randmaschen (siehe S. 23) arbeitest.

Perlmuster

1 Schlage eine gerade Anzahl Maschen an.

2 Stricke in der 1. Reihe 1 rechte Masche, dann 1 linke Masche und weiter abwechselnd rechte und linke Maschen.

3 Stricke in der 2. Reihe zuerst 1 linke Masche, dann 1 rechte Masche und weiter abwechselnd linke und rechte Maschen.

4 Wiederhole Schritt 2 und 3.

Querrippen

1 Schlage eine beliebige Anzahl Maschen an.

2 Stricke 1 Reihe linke Maschen, 1 Reihe rechte Maschen, 1 Reihe linke Maschen und 3 Reihen rechte Maschen.

3 Wiederhole Schritt 2.

Längsrippen

1 Schlage für das Muster auf dem Foto eine durch 5 teilbare Anzahl Maschen an.

2 Reihe 1: Stricke 4 linke Maschen, 1 rechte Masche, 4 linke Maschen, 1 rechte Masche usw.

3 Reihe 2: Stricke 4 rechte Maschen, 1 linke Masche, 4 rechte Maschen, 1 linke Masche usw.

4 Wiederhole Schritt 2 und 3 bis zur gewünschten Länge.

5 In der letzten Reihe kettest du die Maschen ab, wie sie erscheinen: linke Maschen links, rechte Maschen rechts. Achte darauf, den Arbeitsfaden beim Umstülpen hinter die Nadeln zu legen, wenn du die linken Maschen abkettest.

TIPP

Du kannst die verschiedenen Muster üben, indem du mit Wollgarn (Nadelstärke 3–4 mm) in verschiedenen Farben immer ca. 30 Maschen anschlägst und dann je nach Muster 30–40 Reihen strickst. Dann erhältst du kleine Musterproben, die du auf 10 cm x 10 cm große Keilrahmen tackern kannst. Verziere die Muster mit Knöpfen und Perlen und du kannst die hübschen Bildchen zusammen aufhängen.

Bündchen

1 Schlage eine gerade Maschenzahl an. Verwende für das Bündchen eine Nadelgröße kleiner als für den Rest des Gestricks.

2 Reihe 1: Stricke immer 2 linke Maschen und 2 rechte Maschen im Wechsel.

3 Reihe 2: Stricke wieder abwechselnd 2 linke Maschen und 2 rechte Maschen. Achte darauf, wie die Maschen erscheinen: Sind die Maschen der Vorreihe rechts gestrickt, strickst du in dieser Reihe linke Maschen. Sind die Maschen der Vorreihe links gestrickt, strickst du rechte Maschen.

4 Stricke auf diese Weise Reihe um Reihe weiter.

5 Kette in der letzten Reihe die Maschen ab, wie sie erscheinen: linke Maschen links, rechte Maschen rechts. Achte darauf, den Arbeitsfaden beim Umstülpen hinter die Nadeln zu legen, wenn du die linken Maschen abkettest. Zum Abketten verwendest du die größere Nadel wie für den Rest des Gestricks, damit das Bündchen schön dehnbar bleibt.

Schachbrettmuster

1 Schlage für das Muster auf dem Foto eine Maschenzahl an, die durch 6 teilbar ist.

2 Reihe 1: Stricke immer abwechselnd 3 Maschen rechts, 3 Maschen links.

3 Die 2., 3. und 4. Reihe strickst du wie die 1. Reihe.

4 Die 5., 6., 7. und 8. Reihe strickst du genau umgekehrt: 3 Maschen links, 3 Maschen rechts, 3 Maschen links usw. bis zum Ende der jeweiligen Reihe.

5 Wiederhole Schritt 2–4, bis dein Strickstück die richtige Länge hat.

Jetzt geht's los!

Du willst richtig mit der Stricknadel loslegen? Hier findest du ein paar coole und einfache Ideen, die du garantiert stricken kannst. Süße Handpuppen, bunte Schals, super einfache Handschuhe oder ein herziges Monster – die ausführlichen Anleitungen sind für jeden Anfänger leicht verständlich und die Modelle sind einfach nachzustricken. Vor allem aber machen sie richtig Spaß!

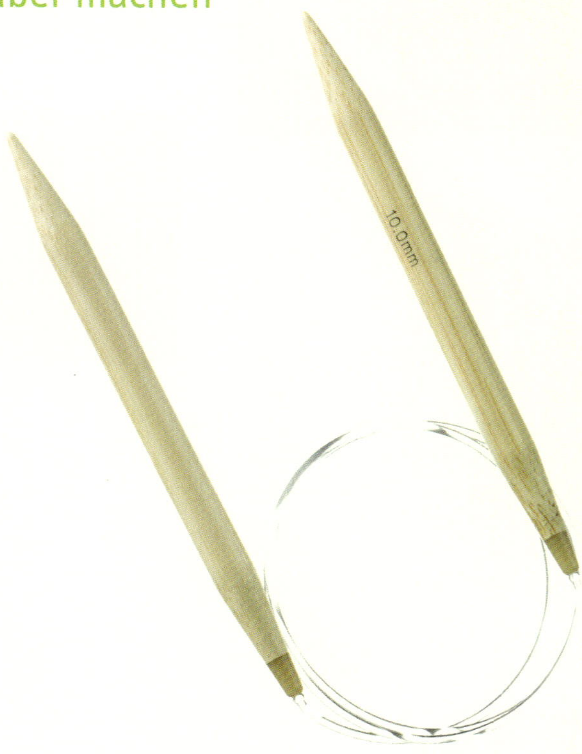

Guten Appetit!

Pommes frites mit Mayo und Ketchup

Diese Stricktechniken brauchst du: Stricken mit der Strickliesel oder Maschen anschlagen und rechte Maschen

Maschenprobe: 30 Reihen ergeben etwa eine Länge von 10 cm

1 Fertige mit der Strickliesel (siehe Seite 26) folgende Strickkordeln an: Für den Ketchup- und den Mayonnaiseklecks je eine 180 Reihen lange Kordel in Signalrot und Natur. Für die Pommes frites machst du ca. 20 Strickkordeln, die zwischen 15 und 30 Reihen lang sind. Du kannst die Strickkordeln auch als I-Cords anfertigen (siehe Seite 28). Schlage dafür jeweils 4 Maschen an.

2 Bevor du die Enden durch Vernähen schließt, schiebst du in jede Kordel ein Stück Blumendraht. Schneide die jeweiligen Drahtstücke ca. 3 cm länger als das jeweilige Kordelstück. Biege die Enden an jeder Seite ca. 1,5 cm um und schiebe dann den Draht vorsichtig in die Kordel.

3 Jetzt kannst du den Endfaden vernähen. Fädle dazu den Endfaden auf eine Wollnadel und stich damit durch alle Schlingen (siehe Seite 26).

4 Vernähe zum Schluss den Anfangsfaden.

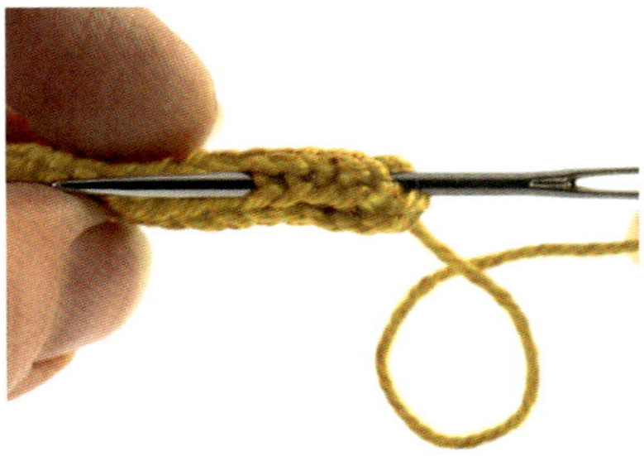

Material

- Rest Schachenmayr original Catania in Sonne (Fb 208)
- Rest Schachenmayr original Catania in Signalrot (Fb 115)
- Rest Schachenmayr original Catania in Natur (105)
- Blumendraht
- Seitenschneider
- Schere
- Wollnadel
- Strickliesel (oder zwei Nadeln eines Nadelspiels 3,5 mm)

5 Biege die Kordeln für Mayo und Ketchup nun immer im Kreis, wobei du ein Ende mal unter und mal über den Vorrunden entlangführst.

6 Jetzt kannst du die Pommes frites mit Mayo und Ketchup lecker in eine Pappschale füllen. Guten Appetit!

TIPP

Strickkordeln, die mit Draht verstärkt sind, lassen sich in jede erdenkliche Form biegen. Probiere doch mal, einen Stern zu biegen. Knote eine Wollfadenschlinge an eine Spitze und du hast einen tollen Anhänger.

Regenbogenschals

machen gute Laune bei jedem Wetter

Diese Stricktechniken brauchst du: Stricken mit der Strickliesel oder Maschen anschlagen und rechte Maschen

Maschenprobe: 30 Reihen ergeben etwa eine Länge von 10 cm

1 Fertige aus jeder Farbe eine Strickkordel von 100–120 Reihen Länge (ca. 40–50 cm). Du kannst die Strickkordeln auch als I-Cords anfertigen (siehe Seite 28). Schlage dafür jeweils 4–5 Maschen an.

2 Vernähe alle Fäden.

3 Lege alle Kordeln eines Schals nebeneinander. Achte darauf, dass die Kordeln nicht in sich verdreht sind und gerade nebeneinanderliegen. Fädle einen Wollfaden auf eine Wollnadel und stich damit einige Male hin und her durch alle Kordelenden auf beiden Seiten. Vernähe den Faden anschließend.

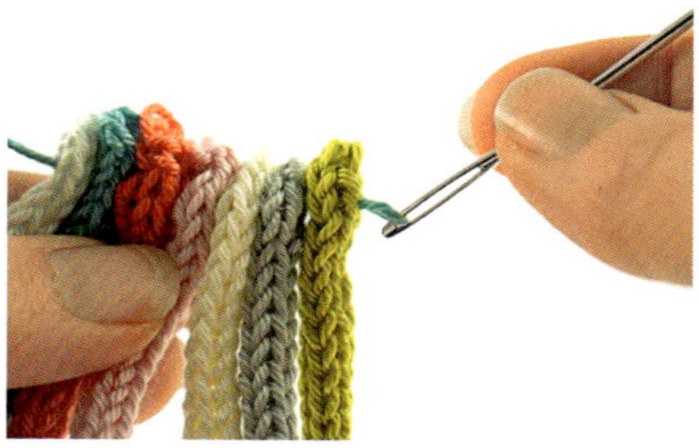

4 Schneide aus dem Filz eine 6–7 cm breite und 4–5 cm hohe Wolke aus. Dann klebst du an der Wolke die Broschennadel fest. Du kannst die Broschennadel auch annähen

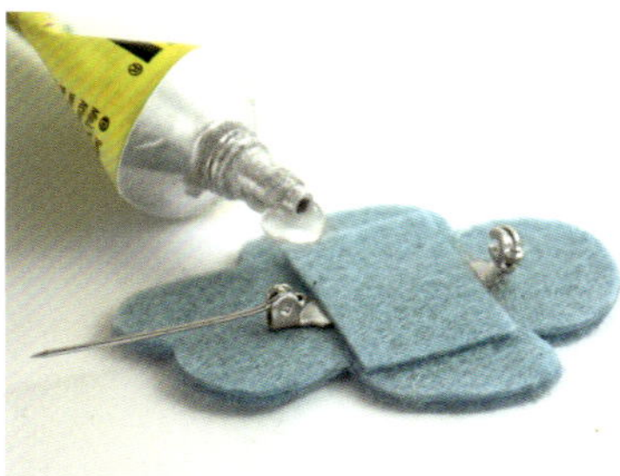

5 Stecke die beiden zusammengenähten Schalenden mit der Broschennadel zusammen. Fertig ist dein Regenbogenschal für gute Laune!

TIPP

Du kannst auch eine einzige, lange Strickkordel herstellen. Knote dazu nach der jeweiligen Anzahl von Reihen einer Farbe das Garn in der nächste Farbe an und arbeite damit weiter. Die lange Kordel legst du zum Kreis und fasst sie mit der Brosche zusammen.

Material

- Rest Bastelfilz in Hellblau, 2 mm stark
- Strickliesel (oder 2 Nadeln eines Nadelspiels 3,5 mm)
- Wollnadel
- Schere
- Klebstoff
- Broschennadel

Schal in Regenbogenfarben

- Rest Schachenmayr original Catania in Sonne (Fb 208)
- Rest Schachenmayr original Catania in Jaffa (Fb 189)
- Rest Schachenmayr original Catania in Signalrot (Fb 115)
- Rest Schachenmayr original Catania in Apfel (Fb 205)
- Rest Schachenmayr original Catania in Jade (Fb 253)
- Rest Schachenmayr original Catania in Royal (Fb 201)
- Rest Schachenmayr original Catania in Fuchsia (Fb 128)

Zum Anbeißen

Äpfel mit dem Knitting Loom gestrickt

Diese Stricktechnik brauchst du: Stricken mit dem Knitting Loom

Maschenprobe: 12 Maschen und 20 Reihen ergeben ca. 10 cm x 10 cm

Material

- Rest Schachenmayr original Boston in Signalrot (Fb 30)
- Rest Schachenmayr original Boston in Koralle (Fb 133)
- Rest Schachenmayr original Boston in Lachs (Fb 135)
- Knitting Loom, ø 13 cm, mit 24 Stiften
- Schere
- Wollnadel
- Filzrest in Hellgrün
- Klebstoff
- Filzstift in Dunkelgrün und Braun
- Füllwatte

1 Wickle das Garn einige Male fest um den Randstift des Knitting Loom, um es zu fixieren. Dann wickelst du das Garn um die 24 Stifte. Führe den Faden hinter den Stift und wickle ihn einmal gegen den Uhrzeigersinn nach vorn, dann wieder nach hinten zum nächsten Stift und gegen den Uhrzeigersinn nach vorn. Verfahre so bei allen Stiften

2 Schiebe nun alle Schlingen auf ihrem Stift nach unten.

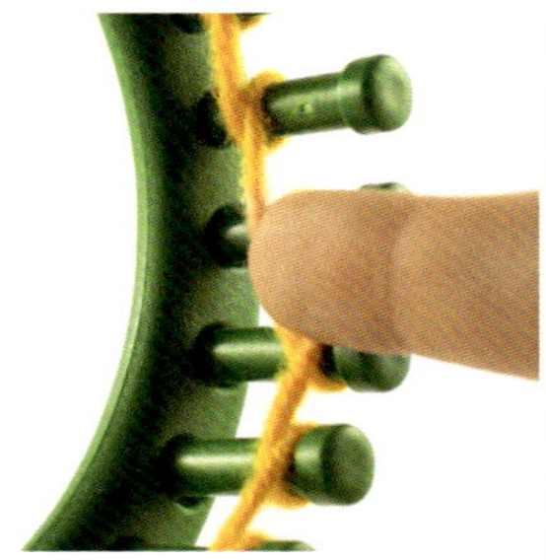

3 Wickle wie in Schritt 1 beschrieben eine 2. Runde um alle Stifte.

4 Stülpe nun mit der Nadel oder Hakenspitze reihum bei jedem Stift die untere Schlinge über die zweite Schlinge und ziehe sie anschließend über den ganzen Stift.

5 Wiederhole Schritt 3 und 4 in 20 Runden. Eine Runde hast du gearbeitet, wenn du einmal die Fäden aller 24 Stifte umgestülpt hast. Schneide den Faden 20 cm vom Knäuel entfernt ab.

6 Nach 20 Runden fädelst du das Fadenende auf eine große Wollnadel und führst damit den Faden reihum durch jede Schlinge, immer vom Stift zum Ring. Dabei gleitet die durchstochene Schlinge fast von selbst von ihrem jeweiligen Stift.

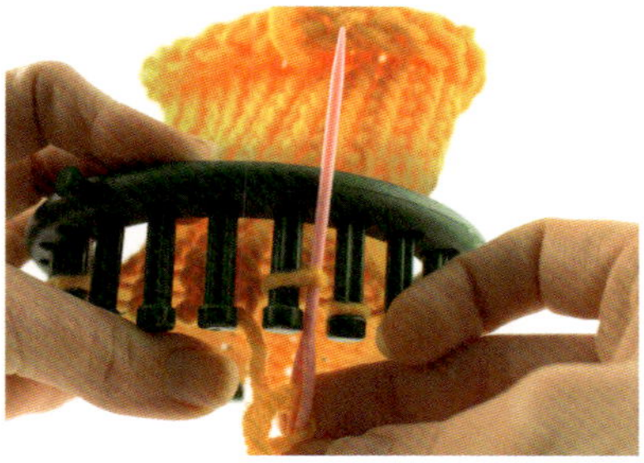

7 Ziehe zum Schluss kräftig am Faden, damit sich das Gestrick oben schließt. Vernähe den Faden.

8 Stopfe nun den Apfel mit etwas Füllwatte aus. Fädle anschließend einen Faden in der Apfelfarbe auf die Wollnadel und umschlinge reihum den offenen Rand. Ziehe am Faden und die Öffnung schließt sich.

9 Stich einige Male quer durch die entstandene Kugel und zieh am Faden, um eine Apfelform zu erhalten. Vernähe die Fadenenden.

10 Zeichne mit grünem Filzstift ein Blatt auf den grünen Filz und schneide es aus.

11 Schneide ein ca. 4 cm x 4 cm großes Quadrat aus grünem Filz. Gib auf eine Seite etwas Klebstoff und rolle das Quadrat zum Stängel zusammen. Klebe das Blatt an den Stängel.

12 Schneide aus braunem Filz einen ca. 1,5 cm x 7 cm großen Streifen. Schneide ihn mit der Schere an der Längsseite in Streifen bis etwa zur Hälfte ein. Gib etwas Klebstoff auf den langen Streifen und Rolle ihn längs zusammen.

13 Klebe den Stängel und Blatt oben mittig und den kleinen braunen Knubbel unten mittig an deinen Apfel.

TIPP

Auf dieselbe Weise kannst du auch Birnen machen. Arbeite dafür ca. 28 Reihen. Anschließend stopfst du in den unteren Teil so viel Füllwatte, dass er sich etwas ausbeult, oben dagegen nur wenig, Watte. So ergibt sich die typische Birnenform.

Richtig verbunden

Dosentelefon für schöne Gespräche

Material

- Schachenmayr original Boston in Indigo (Fb 54), 50 g
- Schachenmayr original Boston in Feuer (Fb 30), 50 g
- Rest Schachenmayr original Boston in Weiß (Fb 101)
- Rest Schachenmayr original Boston in Mosaikblau (Fb 65)
- Rest Schachenmayr orginal Bravo Big in Saphirblau (Fb 152) (oder dicke Kordel)
- 2 leere, saubere Dosen, ø ca. 7,5 cm, ca. 11 cm hoch
- Schere
- Wollnadel
- Stricknadel 7 mm
- Klebstoff
- Textilkleber

Diese Stricktechniken brauchst du: Maschen anschlagen, rechte Maschen, linke Maschen, Abketten

1 Schlage 25 Maschen in Indigo an und stricke 24 Reihen nur rechte Maschen. Anschließend kettest du alle Maschen ab. Schneide den Faden 15 cm vom Knäuel entfernt ab und vernähe die Fäden.

2 Schlage 25 Maschen in Feuer an und stricke immer 1 Reihe rechte Maschen und 1 Reihe linke Maschen, bis du 18 Reihen gestrickt hast. Anschließend kettest du alle Maschen ab. Schneide den Faden 15 cm vom Knäuel entfernt ab und vernähe die Fäden.

3 Feile die scharfen Kanten der Dosen ab oder biege sie mit einer Zange um. Lass dir von einem Erwachsenen helfen. Stich mit der Schere in die Mitte des Dosenbodens ein Loch.

4 Trage Klebstoff auf die Dosen auf und wickle die Strickstücke um die Dosen. Du kannst das Gestrick etwas dehnen, damit es die Dose ganz bedeckt.

5 Fädle einen Faden in Mosaikblau auf die Wollnadel und nähe die Seitenkanten der Strickstücke mit Überwendlingsstichen zusammen.

6 Jetzt klebst du die Zahlen auf. „Schreibe" dafür mit Textilkleber eine Zahl auf die Dose, schneide einen entsprechend langen Faden aus weißer Wolle und klebe ihn als Zahl auf. Arbeite immer eine Zahl nach der anderen. Lass alles gut trocknen.

7 Schneide einen 3 m langen Faden der dicken Wolle in Saphirblau oder ein Stück Kordel und fädle die Enden durch die Löcher im Dosenboden. Mache in jedes Ende 3 Knoten, damit der Faden nicht wieder herausrutscht. Jetzt kannst du telefonieren. Sprich in eine Dose hinein und dein Gesprächspartner hält sich die andere Dose ans Ohr. Achte beim Telefonieren darauf, dass der Faden zwischen den Dosen gespannt ist, sonst funktioniert es nicht.

Verfressene Monster

als Schlüsselanhängertäschchen

Diese Stricktechniken brauchst du: Maschen anschlagen, rechte Maschen, Abketten

Material

Täschchen in Koralle

- Schachenmayr original Boston in Koralle (Fb 133), 50 g
- Rest Schachenmayr original Boston in Violett (Fb 49)
- 2 Augenknöpfe, ø 15 mm
- Metallring, ø ca. 35 mm
- Schere
- Wollnadel
- Stricknadel 7 mm
- Nähgarn
- Nähnadel
- Stecknadeln

Täschchen in Blau

- Schachenmayr original Boston in Mosaikblau (Fb 65), 50 g
- 2 Augenknöpfe, ø 15 mm
- Metallring, ø ca. 35 mm
- Schere
- Wollnadel
- Stricknadel 7 mm
- Nähgarn
- Nähnadel
- Stecknadeln

1 Schlage 25 Maschen an.

2 Stricke 25 Reihen rechte Maschen und kette alle Maschen ab. Schneide das Fadenende 15 cm vom Knäuel entfernt ab und vernähe alle Fäden.

3 Fädle Nähgarn in die Nähnadel und nähe die 2 Augen mit 1,5 cm Abstand zu einer schmalen Kante und 2 cm Abstand zum Rand auf.

4 Klappe das Rechteck wie auf dem Foto gezeigt zusammen. Der untere Teil muss ganz knapp von dem oberen Teil mit den Augen verdeckt sein.

5 Fixiere die Ränder mit Stecknadeln.

6 Fädle für das Täschchen in Koralle einen Wollfaden in Violett, für das blaue Täschchen einen Faden in Mosaikblau auf die Wollnadel und umschlinge die Seitenkanten gleichmäßig. Vernähe die Endfäden. Stich dafür den Faden nach innen durch, damit man ihn nicht mehr sieht.

7 Nähe nun noch mit einem Wollfaden und der Wollnadel den Ring an einer der oberen Ecken mit Stichen wie beim Knopf annähen fest. Fertig ist dein verfressenes Monster. Drücke es an der Seite etwas zusammen und schon öffnet sich der Mund. Geld, kleine Botschaften oder Taschentücher verschwinden darin problemlos.

TIPP

Schlage 50 Maschen an und stricke den Rest wie oben beschrieben. Dann wird dein Monster etwas länger und du kannst es als Stifte-Mäppchen benutzen. Die Augen nähst du dann mit weißem Nähgarn im Abstand von 3 cm zur Mundöffnung und 3 cm zum Rand an.

Schleifchenschal

schmückt deinen Hals

Diese Stricktechniken brauchst du: Maschen anschlagen, rechte Maschen, Abketten

Maschenprobe: 13 Maschen und 24 Reihen (kraus rechts) ergeben 10 cm x 10 cm

1 Schlage 24 Maschen in Jade meliert bzw. in Natur an.

2 Stricke 5 Reihen rechte Maschen.

3 Knote die jeweils andere Farbe (Pink oder Flaschengrün) an den Arbeitsfaden an und stricke damit 6 Reihen rechte Maschen.

4 Nun knotest du wieder die 1. Farbe an und strickst 6 Reihen.

5 Schritt 3+4 wieder holst du so lange, bis du von der 2. Farbe 10 Streifen gestrickt hast.

6 Knote zum Schluss noch einmal die 1. Farbe (Jade meliert oder Weiß) an und stricke damit 5 Reihen. In der 6. Reihe kettest du ab.

7 Vernähe die Fäden an der Seite.

8 Für das Schleifchen schlägst du 10 Maschen in Pink oder Koralle an und strickst 30 Reihen rechte Maschen. Dann kettest du ab.

9 Nimm das Rechteck mit den langen Seiten zwischen deine Finger und drücke es in der Mitte wie eine Ziehharmonika zusammen.

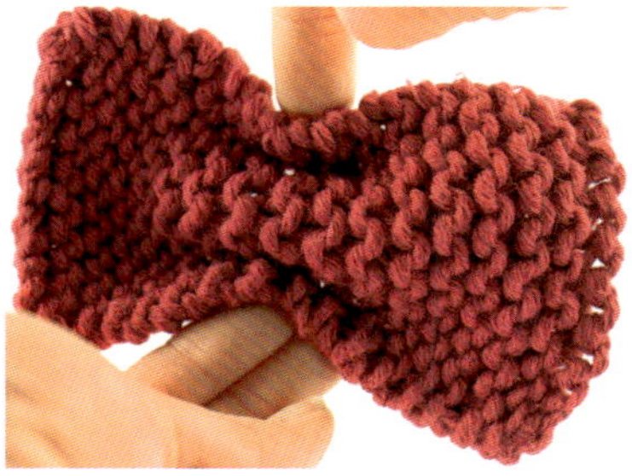

10 Wickle du nun einen Wollfaden in Jade meliert bzw. Rosa mehrmals straff um die Mitte. Verknote den Faden zum Schluss doppelt und schneide die Enden ab.

11 Nähe auf der Rückseite der Schleife mittig auf jedem Schleifenflügel je 1 Druckknopfkopf an.

Material

- 4 Druckknöpfe, ø 2,2 cm
- Stricknadel 8 mm
- Schere
- Wollnadel
- Nähgarn in Rosa oder Weiß und Grün
- Nähnadel

Rosa-weißer Schal

- Schachenmayr original Boston in Natur (Fb 2), 100 g
- Schachenmayr original Boston in Rosa (Fb 134), 50 g
- Rest Schachenmayr original Boston in Koralle (Fb 133)

Blau-grüner Schal

- Schachenmayr original Boston in Jade meliert (Fb 71), 100 g
- Schachenmayr original Boston in Flaschengrün (Fb 72), 50 g
- Rest Schachenmayr original Boston in Pink (Fb 35)

12 Nun nähst du die Gegenstücke der Druckknöpfe auf den Schal. Platziere sie an jedem Ende des Schals mittig auf den 2. Streifen der 2. Farbe, die du verwendet hast (Flaschengrün bzw. Rosa).

Schlappohr-Hunde

Eierwärmer und Fingerpuppen in Einem!

Diese Stricktechniken brauchst du: Maschen anschlagen, rechte Maschen, linke Maschen, Abketten

Material

Blauer Hund

- Rest Schachenmayr original Bravo in Lagune (Fb 8193)
- Filzrest in Weiß
- Pompon in Pink, ø 1,2 cm
- Stricknadel 4 mm
- Schere
- Wollnadel
- Klebstoff

Rosafarbener Hund

- Rest Schachenmayr original Bravo in Candy (Fb 8305)
- Filzrest in Dunkelblau
- Pompon in Weiß, ø 1,2 cm
- Stricknadel 4 mm
- Schere
- Wollnadel
- Klebstoff

Gelber Hund

- Rest Schachenmayr original Bravo in Löwenzahn (Fb 8336)
- Filzrest in Dunkelblau
- Pompon in Hellblau, ø 1,2 cm
- Stricknadel 4 mm
- Schere
- Wollnadel
- Klebstoff

1 Schlage 14 Maschen an.

2 Stricke in der 1.–5. Reihe immer abwechselnd 1 rechte Masche und 1 linke Masche. Es entsteht eine Art Bündchenmuster.

3 Stricke ab der 6. Reihe 30 Reihen nur rechte Maschen.

4 Stricke in der 31.–35. Reihe wieder das Bündchenmuster aus Schritt 2: immer 1 rechte Masche und 1 linke Masche im Wechsel.

5 Kette alle Maschen des Bündchens ab, wie sie erscheinen: rechte Maschen strickst du rechts und stülpst dann die danebenliegende darüber, linke Masche strickst du links, legst dann den Arbeitsfaden nach hinten und überstülpst dann. Am Ende hast du noch 1 Masche auf der Nadel. Schneide den Faden ca. 15 cm vom Knäuel entfernt ab und ziehe die Schlinge lang, bis das Fadenende durchrutscht. Vernähe die Fäden.

6 Schlage für die Ohren 5 Maschen an und stricke 18 Reihen nur rechte Maschen.

7 Fädle einen farblich passenden Wollfaden auf eine Wollnadel. Stich mit der Nadel durch die Ecken der kurzen Seiten und nähe sie mit einigen Überwendlingsstichen zusammen. Wenn du das auf beiden Seiten machst, entsteht eine Art Schiffchen.

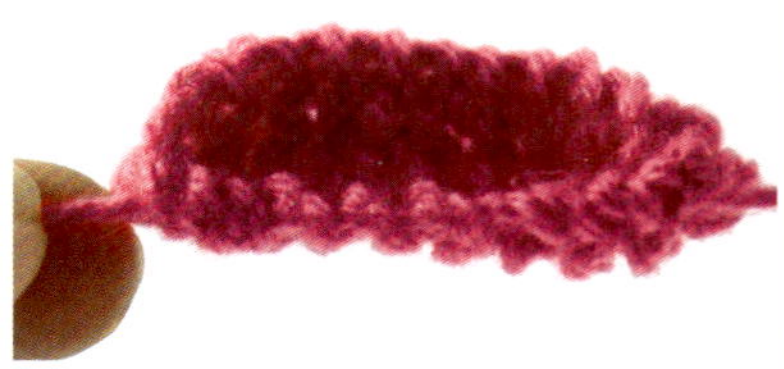

8 Klappe das große Rechteck längs in der Mitte so zusammen, dass die beiden Bündchen aufeinanderliegen. Fädle einen farblich passenden Wollfaden auf eine Wollnadel und nähe die Seitenkanten des Hundekörpers mit Heftstichen zusammen (im Foto mit Faden in anderer Farbe genäht, damit du es gut erkennen kannst).

9 Wende den Hundekörper und nähe an die geschlossenen Ecken die Ohren an. Das kannst du mit einigen Stichen auf der Stelle machen, die du immer einmal durch die Ecke und dann durch das Ohr fädelst

10 Schneide je 2 kleine Filzkreise aus und klebe sie als Augen auf. Den Pompon klebst du als Nase auf.

Geringelte Beinstulpen

für kalte Tage

Diese Stricktechniken brauchst du: Maschen anschlagen, rechte Maschen, linke Maschen, Abketten

Maschenprobe: 12 Maschen und 18 Reihen ergeben 10 cm x 10 cm

1 Schlage 34 Maschen in Mosaikblau mit der Stricknadel 6 mm an.

2 Stricke für das Bündchen 1 Randmasche rechts, dann immer abwechselnd 2 Maschen rechts, 2 zwei links bis zum Reihenende. Dort endest du mit 2 Maschen links und 1 rechten Masche als Randmasche.

3 Wende deine Arbeit. Stricke wieder 1 Randmasche rechts, dann immer abwechselnd 2 Maschen rechts und 2 Maschen links und zum Schluss wieder eine Randmasche rechts. Stricke auf diese Weise, bis du 9 Reihen Bündchen gestrickt hast. Du kannst dir nach der 1. und vor der letzten Masche der Reihe jeweils einen Maschenmarkierer einhängen, damit du daran denkst, die 1. und die letzte Masche immer rechts zu stricken.

4 Jetzt strickst du den Stulpenschaft. Nimm dafür die Stricknadel in der Größe 7 mm in die rechte Hand und stricke die 10. Reihe nur rechte Maschen.

5 Stricke in der 11. Reihe nur linke Maschen. Die 1. und letzte Masche sind Randmaschen und müssen rechts gestrickt werden.

6 Knote nun einen Faden in Koralle an deinen Arbeitsfaden an und stricke damit 1 Reihe rechte Maschen und anschließend 1 Reihe linke Maschen.

Material

- Schachenmayr original Boston in Mosaikblau (Fb 65), 100 g
- Schachenmayr original Boston in Koralle (Fb 133), 50 g
- Schachenmayr original Boston in Rosa (Fb 134), 50 g)
- Schachenmayr original Boston in Jade meliert (Fb 71), 50 g
- 2 Knöpfe in Kirschrot, ø 1,5 cm
- 2 Knöpfe in Hellblau, ø 1,8 cm
- Stricknadel 6 mm
- Stricknadel 7 mm
- Schere
- Wollnadel
- Nähnadel
- Nähgarn in Apfelgrün
- Stecknadeln

TIPP

Du musst den Faden in Mosaikblau nicht abschneiden, sondern kannst ihn einfach hängen lassen, wenn du einen Farbwechsel machst. Wenn Mosaikblau wieder an der Reihe ist, nimmst du den Faden auf und strickst damit weiter. So musst du zum Schluss nicht so viele Fadenenden vernähen.

7 Als Nächstes strickst du wieder in Mosaikblau 1 eine Reihe rechte Maschen und anschließend 1 Reihe linke Maschen.

8 Nun folgt wieder ein Farbwechsel zu Jade meliert. Stricke ab jetzt immer 1 Reihe rechte Maschen und 1 Reihe linke Maschen mit dieser Farbfolge: Mosaikblau, Koralle, Mosaikblau, Jade meliert, Mosaikblau und Rosa. Dann beginnt die Farbreihe wieder von vorn. Stricke die Farbwechsel so lange, bis du von Koralle, Jade meliert und Rosa jeweils 3 Streifen hast.

9 Wenn du die richtige Anzahl von Ringeln gestrickt hast, strickst du zum Abschluss noch 2 Reihen glatt rechts in Mosaikblau.

10 Nimm jetzt wieder die kleinere Stricknadel zu Hand und stricke ans andere Ende der Stulpe auch ein Bündchen. Wiederhole dazu Schritt 2 und 3, bis du wieder 9 Reihen hast.

11 Kette das Bündchen ab. Stricke dabei die Maschen, wie sie erscheinen, und überstülpe sie dann. Achte darauf, dass beim Überstülpen der Maschen der Arbeitsfaden immer hinten liegt, auch wenn du vorher eine linke Masche gestrickt hast.

12 Schneide den Faden 15 cm vom Knäuel entfernt ab und ziehe die letzte Schlinge lang. Vernähe alle Fäden.

13 Klappe die Stulpe nun der Länge nach über die Mitte zusammen. Die schöne Seite des glatt rechten Musters liegt innen. Fixiere die Lagen am Rand mit Stecknadeln.

14 Fädle einen Faden in Mosaikblau auf die Wollnadel und nähe die lange Kante mit Überwendlingsstichen zusammen (im Foto mit einem Faden in einer anderen Farbe gezeigt, damit du es besser erkennen kannst).

15 Wende die Stulpe. Jetzt kannst du oben am Bündchen die 2 Knöpfe mit einer Nähnadel und Nähgarn festnähen. Deine erste Stulpe hast du geschafft. Jetzt kommt noch die zweite dran.

TIPP

Wenn du die Stricknadeln nur in einer der angegebenen Größen hast, kannst du Bündchen und Stulpenschaft auch nur in einer Stricknadelgröße stricken.

Freundlicher Drache

Pfiffige Handpuppe

Größe: für Hände ab ca. 5 Jahren

Diese Stricktechniken brauchst du: Maschen anschlagen, rechte Maschen, linke Maschen, Abketten

Material

- Schachenmayr original Boston Style in Lemon Color (Fb 570), 50 g
- Rest Schachenmayr orginal Boston in Feuer (Fb 30)
- Rest Schachenmayr orginal Boston in Mosaikblau (Fb 65)
- 2 Pompons in Weiß, ø ca. 3 cm
- Filzreste in Weiß und Schwarz
- Schere
- Wollnadel
- Stricknadel 7 mm
- Klebstoff
- Stecknadeln

1 Schlage für den Körper 30 Maschen in Lemon Color an und stricke 20 Reihen nur rechte Maschen. Kette dann ab und vernähe alle Fäden.

2 Schlage für das andere Körperteil 22 Maschen in Lemon Color an und stricke 20 Reihen nur rechte Maschen. Kette dann ab und vernähe alle Fäden.

3 Schlage für die Rückenschuppen 8 Maschen in Mosaikblau an und stricke 10 Reihen nur rechte Maschen. Kette die Maschen ab und vernähe die Fäden. Stricke auf diese Weise noch 2 weitere Rechtecke in Mosaikblau für die Rückenschuppen.

4 Schlage für den Mund 12 Maschen in Feuer an und stricke 12 Reihen abwechselnd linke und rechte Reihen (glatt rechtes Gestrick). Anschließend kettest du ab und vernähst die Fäden.

5 Schlage noch einmal 12 Maschen in Feuer an und stricke 22 Reihen abwechselnd linke und rechte Reihen (glatt rechtes Gestrick). Kette anschließend ab und vernähe die Fäden. Jetzt hast du insgesamt 7 Rechtecke gestrickt.

6 Stecke die blauen Teile für die Schuppen wie auf dem Foto gezeigt auf das große Rechteck in Lemon Color. Die blauen Rechtecke sollen sich etwas überlappen. Lass von einer schmalen Seite ca. 6 cm Abstand. Nähe die blauen Rechtecke in der Mitte mit Heftstichen fest.

7 Lege das große rote Rechteck mit der glatt rechts aussehenden Seite wie auf dem Foto gezeigt auf das große Rechteck in Lemon Color. Das kleine rote Rechteck legst du wie im Foto auf das kleine Teil in Lemon Color. Stecke die Teile mit Stecknadeln fest.

8 Fädle einen Faden in Lemon Color auf die Wollnadel und nähe nun jeweils die 3 Außenkanten mit Überwendlingsstichen zusammen.

My heart belongs to...

9 Wende die Teile, sodass die glatt rechte Seite auch außen liegt. Stecke nun die Innenkanten der roten Rechtecke mit Stecknadeln zusammen. Nähe die Kante mit einem Faden in Feuer mit Überwendlingsstichen zusammen. Jetzt kannst du deinen Drachen schon einmal „anprobieren".

10 Wende den Drachen erneut, sodass die Innenseiten außen liegen. Dann steckst du die offenen Seitenkanten der grünen Teile mit einigen Stecknadeln zusammen. Fädle einen Faden in Lemon Color auf die Wollnadel und nähe die Kanten mit Überwendlingsstichen zusammen.

11 Nun ist dein Drache fast fertig zum Spielen. Wende ihn wieder auf die richtige Seite. Dann klebst du die Pompons links und rechts der beiden vorderen Rückenschuppen als Augen auf. Klappe dazu die blauen Zacken etwas hoch.

12 Schneide 2 runde Pupillen aus schwarzem Filz und klebe sie auf die Pompons.

13 Aus weißem Filz schneidest du zwei 10 cm lange und 2,5 cm breite Streifen. Anschließend schneidest du kleine Dreiecke als Zähne heraus. Klebe die Zahnstreifen auf die Nähte von Ober- und Unterkiefer auf. Fertig ist dein Drache!

TIPP

Wenn du statt der Wolle in Lemon Color graues oder blaues Garn verwendest und auf dem Rücken nur ein Quadrat als Flosse auf nähst (Kanten oben zusammennähen), wird ein gefährlicher Haifisch daraus.

Praktisches Utensilo

mit Griffen

Diese Stricktechniken brauchst du: Maschen anschlagen, rechte Maschen, linke Maschen, Abketten

1 Schlage 64 Maschen an. Achte darauf, dass die Maschenkette nicht verdreht ist und alle Anschlagsknötchen auf einer Seite liegen, bevor du weiterstrickst.

2 Jetzt zählst du reihum immer 16 Maschen ab und hängst einen Maschenmarkierer ein.

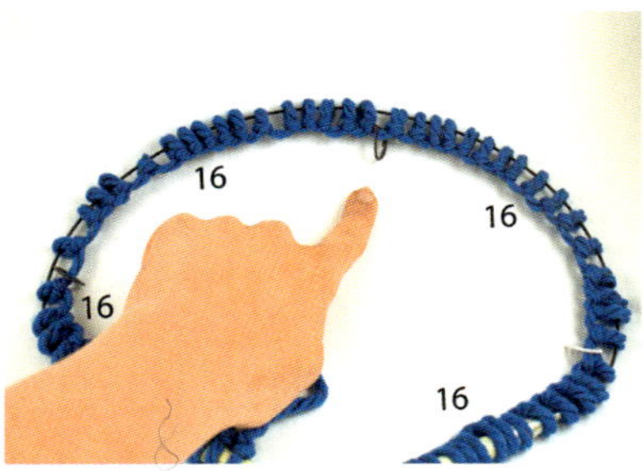

3 Nimm nun die Nadeln hoch: die Nadel mit dem Arbeitsfaden in die rechte Hand, die mit dem kurzen Fadenende in die linke Hand.

4 Führe das Fadenende von rechts nach links hinter die linke Nadel und stricke 9 Runden rechte Maschen. Hänge nach der 1. Runde einen zusätzlichen Maschenmarkierer in einer anderen Farbe ein, um den Rundenanfang zu markieren.

5 In Runde 10 strickst du 5 rechte Maschen, dann kettest du 8 Maschen ab und strickst die übrigen 3 Maschen bis zum Maschenmarkierer auch rechts.

6 Die nächsten 16 Maschen der 10. Runde strickst du bis zum nächsten Maschenmarkierer rechts. Dann strickst du wieder 5 Maschen rechts, kettest 8 Maschen ab und strickst die restlichen 3 Maschen rechts. Die letzten 16 Maschen der Runde strickst du rechts.

Material

- Schachenmayr original Lumio in Capri (Fb 54), 75 g
- Schachenmayr original Lumio in Jazz Color (Fb 86), 150 g
- Rundstricknadel 10 mm, 80 cm lang
- Stecknadeln
- Schere
- Wollnadel
- 5 Maschenmarkierer

TIPP

Aus den abgeketteten Reihen ergeben sich links und rechts Griffe. So kannst du dein Utensilo gut tragen. Übrigens arbeitet man auf die Weise auch Knopflöcher.

7 In Runde 11 strickst du bis zu der Lücke mit den abgeketteten Maschen. Dort schlägst du 8 neue Maschen an (siehe Seite 24). Dann strickst du die Runde weiter bis zur nächsten Lücke. Schlage dort erneut 8 Maschen an und stricke die Runde weiter bis zum Ende.

8 Runde 12–14: Stricke alle Maschen rechts.

9 Knote für Runde 15 das Garn in Jazz Color an und stricke damit noch 17 weitere Runden. Dann kettest du alle Maschen ab und vernähst die Fäden. Die Maschenmarkierer bleiben in deiner Arbeit. Versetze sie einfach nach oben an die abgekettete Kante, immer alle 16 Maschen einen Maschenmarkierer.

10 Schlage für den Boden 15 Maschen in Capri an. Stricke 24 Reihen glatt rechts, also immer abwechselnd 1 Reihe rechte Maschen, 1 Reihe linke Maschen. Kette anschließend alle Maschen ab und vernähe die Fäden.

11 Jetzt kannst du den Boden einnähen. Wende den Schlauch, sodass die linken Maschen außen liegen. Jetzt legst du den Boden mit der glatt rechten Seite darauf. Stecke zuerst die Ecken des Bodens an den Stellen am unteren Rand fest, wo die 4 Maschenmarkierer sind.

12 Stecke nun die Kanten zwischen den Ecken mit Stecknadeln zusammen. Anschließend nähst du die Kanten mit Überwendlingsstich rundherum zusammen. Vernähe den Faden und wende dein Utensilo.

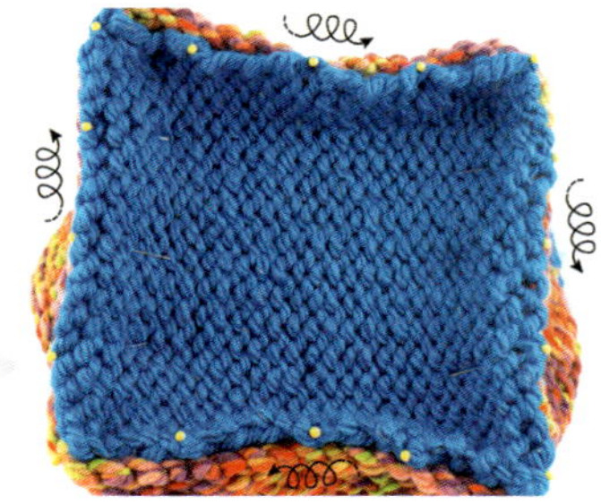

TIPP

Du willst dein Utensilokörbchen stabiler haben? Stelle eine Plastikbox in etwa derselben Größe hinein und tauche das Ganze nach Herstelleranleitung in Textilverstärker. Lass alles gut trocken und entferne dann die Plastikbox. Dein Utensilo hat nun eine stabile quadratische Form.

smc
Merino Super
Big Mix

Fröhliche Monster

schenken dir ihr Herz

Diese Stricktechniken brauchst du: Maschen anschlagen, rechte Maschen, linke Maschen, Abketten, Stricken mit der Strickliesel oder I-Cord stricken

Material

- Rest Schachenmayr original Bravo in Feuer (Fb 8221) oder Lagune (Fb 8193) oder Türkis (Fb 8324) oder Petrol (Fb 8195) oder Iris (Fb 8259)
- Rest Schachenmayr original Bravo in Hummer (Fb 8326)
- Schere
- Wollnadel
- Stricknadel 4,5 mm
- Füllwatte
- 2 EL Reis
- alte Nylonsocke
- Filzrest in Weiß
- Filzreste in Rot oder Blau
- 2 Rocailles in Schwarz
- Klebstoff
- Stecknadeln

1 Schlage 32 Maschen an.

2 Stricke 30 Reihen glatt rechts, also immer abwechselnd 1 Reihe rechte Maschen und 1 Reihe linke Maschen. Stricke bei den links gestrickten Reihen auch immer die 1. und die letzte Masche der Reihe rechts.

3 Kette alle Maschen ab und vernähe die Fäden.

4 Lege dein gestricktes Monsterrechteck so zusammen, dass die kurzen Kanten links und rechts aufeinanderliegen. Das glatt rechts Gestrickte liegt innen. Fixiere die Lagen mit Stecknadeln. Fädle einen farblich passenden Wollgarnfaden auf die Wollnadel und nähe die Seitenkante mit Heftstichen zusammen. (Im Foto mit einem Faden in einer anderen Farbe gezeigt, damit du es besser erkennen kannst).

5 Lege den Schlauch so vor dich hin, dass die Naht, die du eben genäht hat, von oben nach unten verläuft und mittig auf dem Rest liegt. Dann nähst du auch die obere Kante des Schlauchs mit Heftstichen zu.

6 Wende den Schlauch und fülle ihn etwa zu zwei Dritteln mit Füllwatte. Fülle anschließend etwas Reis in eine Nylonsocke. Verknote den Strumpf und stopfe ihn zum Schluss in den Monsterpopo, damit das Monster besser steht. Dann nähst du die untere Schlauchkante zu.

7 Wickle einen farblich passenden Garnrest oben links und rechts um die Ecken, um kleine Öhrchen abzubinden. Verknote die Fadenenden doppelt und schneide sie ab.

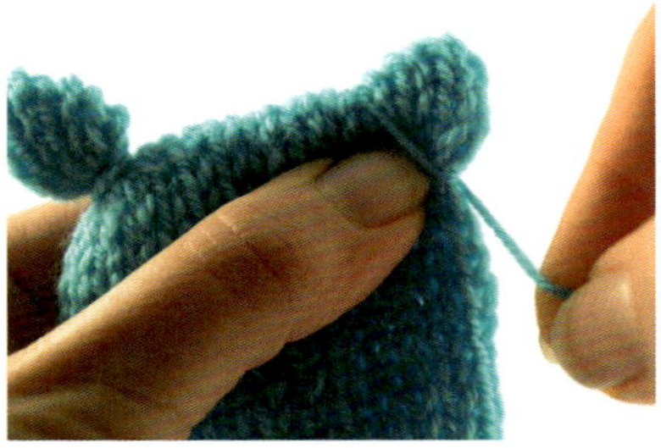

8 Jetzt brauchst du noch 2 jeweils 15 Reihen lange Strickkordeln für die Arme. Die kannst du entweder mit der Strickliesel anfertigen oder du strickst einen I-Cord mit 5 Maschen (siehe Seite 28). Nähe die Kordeln anschließend mit einigen Überwendlingsstichen durch den Körper und das Kordelende an die Seiten des Monsters. Du kannst sie auch ankleben.

9 Schneide einen 5 cm langen Wollfaden in Hummer und klebe ihn als Mund auf.

10 Schneide nun ein rotes oder blaues Herz, 2 weiße Kreise sowie 2 kleine weiße Dreiecke aus Filz. Klebe die Kreise als Augen auf, die Dreiecke als Zähne und das Herz zwischen die Kordelenden. Bis der Klebstoff getrocknet ist, kannst du das Herz vorsichtig mit Stecknadeln fixieren.

11 Mit farblich passendem Nähgarn und Nähnadel nähst du die Rocailles als Pupillen auf. Du kannst die Pupillen auch mit einem schwarzen Filzstift aufmalen oder schwarze Filzpunkte aufkleben.

TIPP

Du kannst nach dieser Anleitung auch einen Monsterkissenbezug anfertigen. Schlage 120 Maschen an und stricke 120 Reihen. So erhältst du ein Monster von ca. 27 cm Breite und 40 cm Höhe. Wenn du es als Kissen benutzt, solltest du alle Teile annähen anstatt ankleben, damit du dein Monster waschen kannst. Als Füllung verwendest du Füllwatte oder ein entsprechend großes Kissen.

Kuschelwarme Handschuhe

Superleicht und superschnell

Größe: 7 cm breit, 20 cm lang

Diese Stricktechniken brauchst du: Maschen anschlagen, rechte Maschen, linke Maschen, Maschen aufnehmen, Abketten

Material

- Schachenmayr original Merino Super Big Mix in Mint (Fb 73), 100 g
- Schachenmayr original Merino Super Big Mix in Kirsche (FB 30), 50 g
- Stricknadel 7 mm
- Stricknadel 5 mm
- Wollnadel
- Schere

1 Schlage 20 Maschen in Mint mit der Stricknadel 7 mm an.

2 Stricke 18 Reihen nur rechte Maschen.

3 Kette anschließend 14 Maschen ab, sodass du nur noch 6 Maschen auf der Nadel hast. Stricke die 6 Maschen rechts.

4 Wende deine Arbeit und stricke die 6 Maschen rechts. Am Ende der Reihe schlägst du 7 neue Maschen an. Du hast nun 13 Maschen auf der Nadel.

5 Wende deine Arbeit und stricke die 13 Maschen rechts ab.

6 Stricke 11 Reihen rechte Maschen.

7 Anschließend kettest du die ersten 7 Maschen der nächsten Reihe wieder ab. Die verbliebenen 6 Maschen strickst du rechts.

8 Wende deine Arbeit und stricke die 6 Maschen rechts. Am Ende der Reihe schlägst du 14 neue Maschen an. Jetzt hast du wieder 20 Maschen auf der Stricknadel.

9 Stricke mit den 20 Maschen 18 Reihen rechts. Dann kettest du die Maschen ab.

10 Jetzt kommt das Bündchen dran. Fädle einen Faden in Kirsche auf eine Wollnadel. Stich mit der Nadel so durch die untere gerade Kante des Strickteils, dass lockere Schlinge entstehen (siehe Seite 24). Stich immer zwischen die gestrickten Rippen ein, so erhältst du etwa 26 Schlingen.

11 Fädle nun die Stricknadel mit der Stärke 5 mm durch die Schlingen. Dabei muss die Spitze der Stricknadel in die Richtung zeigen, wo dein Arbeitsfaden mit dem Garnknäuel hängt.

12 Jetzt kannst du mit den eben aufgenommenen Schlingen das Bündchen stricken. Lege den Arbeitsfaden hinter die Nadel und stricke immer abwechselnd 2 Maschen links, 2 Maschen rechts bis zum Reihenende.

13 Wende deine Arbeit und stricke weitere 17 Reihen Bündchen: Dabei strickst du die Maschen immer wie sie erscheinen: Siehst du 2 rechte Maschen, strickst du 2 rechte Maschen, siehst du 2 linke Maschen, strickst du 2 linke Maschen.

14 Kette nach 18 Reihen Bündchen die Maschen mit der dickeren Stricknadel 7 mm ab, damit das Bündchen schön elastisch wird. Stricke dazu die Maschen immer wie sie erscheinen und überstülpe sie anschließend. Achte darauf, den Arbeitsfaden zum Überstülpen nach hinten zu legen, nachdem du eine linke Masche gestrickt hast.

15 Jetzt musst du deinen Handschuh nur noch zusammennähen. Klappe ihn dazu mittig von links nach rechts deckungsgleich zusammen. Dann nähst du mit Überwendlingsstichen rundherum die Kanten zu. Nur die Öffnung unten lässt du offen. Vernähe zum Schluss alle Fäden und schneide sie ab.

16 Wiederhole Schritt 1–15 für den zweiten Handschuh und fertig sind deine supercoolen Handschuhe!

TIPP

Statt dem Bündchen in der Anleitung kannst du auch mit der kleineren Stricknadel nur rechte und linke Reihen im Wechsel stricken. Du erhältst dann ein Rollbündchen.

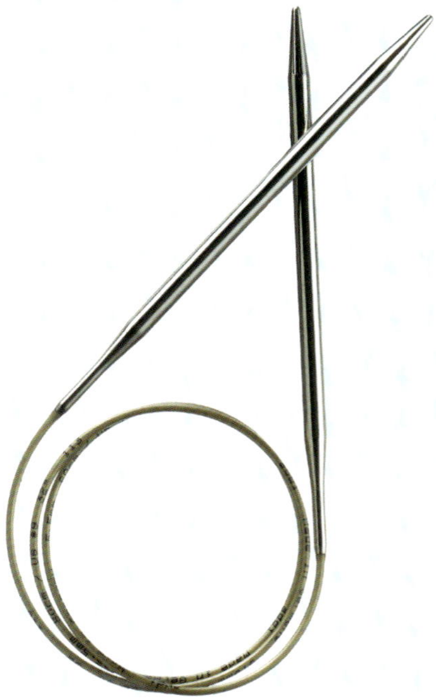

Trendige Armreifen

mit Nadelspiel gestrickt

Diese Stricktechniken brauchst du: Maschen anschlagen, rechte Maschen, Abketten

1 Schlage 28 Maschen auf 1 Nadel des Nadelspiels an.

2 Verteile je 7 Maschen auf 4 Nadeln. Schiebe dazu die Maschen jeweils einzeln auf die anderen Nadeln.

3 Lege die 4 Nadeln zu einem Viereck vor dich hin. Achte darauf, dass alle Anschlagknötchen innen liegen und die Maschenkette nicht verdreht ist.

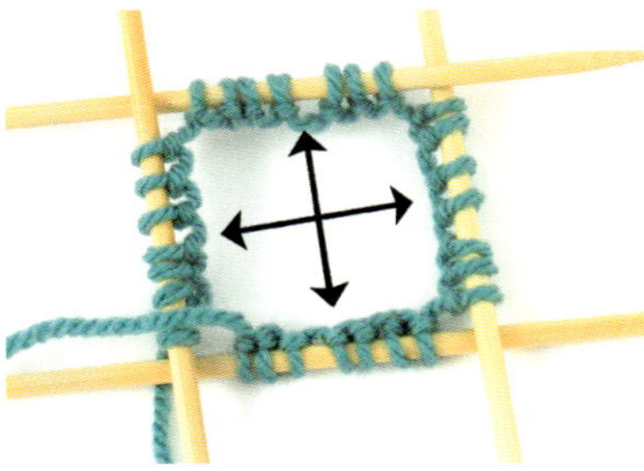

4 Nimm nun die Nadeln an der Stelle auf, wo der Arbeitsfaden und der Anfangsfaden liegen. Nimm die Nadel mit dem Anfangsfaden in die linke Hand. Die Nadel mit dem Arbeitsfaden befindet sich rechts daneben. Lege den Arbeitsfaden hinter die Maschenreihe auf der linken Nadel.

Material

Umwickeltes Armband

- Rest Schachenmayr original Bravo Mezzo in Smaragd (Fb 50)
- Rest Schachenmayr original Bravo Mezzo in Fuchsia (Fb 36)
- Rest Schachenmayr original Bravo Mezzo in Anis (Fb 22)
- Stricknadelspiel aus Bambus oder Holz 4,5 mm
- Schere
- Wollnadel
- Maschenmarkierer
- ggf. Maschenstopper
- ggf. Klebstoff

Armband mit Knöpfen

- Rest Schachenmayr original Bravo Mezzo in Fuchsia (Fb 36)
- 2 Blütenknöpfe in Dunkelblau, ø ca. 1,2 cm
- Herzknopf in Hellblau, ca. 1,8 cm hoch
- Stricknadelspiel aus Bambus oder Holz 4,5 mm
- Schere
- Wollnadel
- Nähnadel
- farblich passendes Nähgarn
- Maschenmarkierer
- ggf. Maschenstopper
- ggf. Klebstoff

5 Nimm die 5. Nadel in die rechte Hand und stricke die Maschen der Nadel in deiner linken Hand mit dem dahinterliegenden Arbeitsfaden rechts. Wenn du die Maschen auf der Nadel gestrickt hast, ist diese Nadel frei geworden. Mit ihr strickst du nun die Maschen auf der nächsten Nadel. So verfährst du reihum. Hast du alle 4 Nadeln einmal rechts gestrickt, hast du 1 Runde. Markiere den Rundenanfang mit einem Maschenmarkierer.

Wenn du sehr locker strickst, kannst du Maschenstopper auf die Nadelspitzen stecken, damit die Maschen beim Stricken nicht von der Nadel rutschen.

6 Stricke 20 Runden rechte Maschen.

7 Jetzt kannst du alle Maschen abketten.

8 Rolle den gestrickten Schlauch auf, sodass ein Armreif entsteht. Die linken Maschen sind dabei außen.

9 Jetzt kannst du deinen Armreif mit Wollfäden in Anis und Fuchsia umwickeln bzw. die Knöpfe mit Nähnadel und Nähgarn annähen. Nähe dabei immer durch den ganzen Schlauch.

TIPP

Eine Einführung zum Nadelspiel findest du auf Seite 31..

Für Strick-Erfahrene

Du kannst jetzt schon richtig gut rechte und linke Maschen stricken? Dann wird es jetzt tierisch und verspielt! Strick dir eine ganze Schafherde oder ein lustiges Geburtstagskrönchen. Wenn du es lieber kuschelig magst, dann wage dich an das Eulenkissen, die monstermäßige Kuschelkatze oder die flauschigen Handstulpen. Ganz nebenbei übst du beim Stricken dieser Modelle, Maschen zu- und abzunehmen, die Arbeit mit dem Nadelspiel sowie Strickmodelle aus mehreren Einzelteilen zu arbeiten, die du dann zusammennähst.

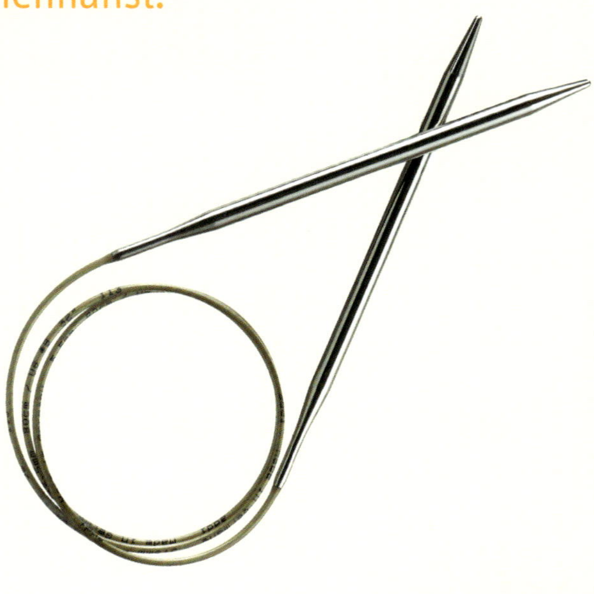

Königin für einen Tag

Fröhliche Geburtstagskrönchen

Diese Stricktechniken brauchst du: Maschen anschlagen, rechte Maschen, Maschen zunehmen, Maschen abnehmen, Abketten

Material

Große Krone

- Schachenmayr original Northern in Sonne (Fb 331), 100 g
- 3 glasierte Kokosknöpfe in Rot, ø 3 cm
- 2 glasierte Kokosknöpfe in Grün, ø 3 cm
- 5 Holzperlen in Türkis, ø 1 cm
- Stricknadel 4,5 mm
- Schere
- Wollnadel
- ggf. Nähnadel
- ggf. Nähgarn in Gelb
- Stecknadeln

Zierkrönchen

- Schachenmayr original Northern in Sonne (Fb 331), 100 g
- 1 Knopf in Rosa matt, ø 2,5 cm
- 4 Blümchenknöpfe in Blau, ø 1,5 cm
- 1 Blümchenknopf in Rosa, ø 1,8 cm
- 5 Holzperlen in Dunkellila, ø 1 cm
- Satinband in Rosa, 1,6 cm breit, 25 cm lang
- 2 Haarklemmen
- Stricknadel 4,5 mm
- Schere
- Wollnadel
- Nähnadel
- Nähgarn in Rosa
- Stecknadeln
- Klebstoff

Große Krone

1 Schlage 12 Maschen an.

2 Stricke ab jetzt immer rechte Maschen. Um für die Zacken Maschen zu- und abzunehmen, verfährst du wie folgt: Stricke in der 1. Reihe 12 Maschen rechts.

3 Reihe 2: Stricke 12 Maschen. Bei der letzten Masche nimmst du 1 Masche zu, indem du aus der letzten Masche eine 2. Masche herausstrickst (= 13 Maschen).

4 Reihe 3: Stricke 13 Maschen.

5 Reihe 4: Stricke 13 Maschen und nimm bei der letzten Masche 1 Masche zu (=14 Maschen).

6 Reihe 5: Stricke 14 Maschen.

7 Reihe 6: Stricke 14 Maschen und nimm bei der letzten Masche 1 Masche zu (=15 Maschen).

8 Reihe 7–19: Stricke immer alle Maschen rechts. In allen geraden Reihen (8., 10., 12. usw.) nimmst du am Ende der Reihe immer 1 Masche zu, indem du aus der letzten Masche eine 2. Masche herausstrickst.

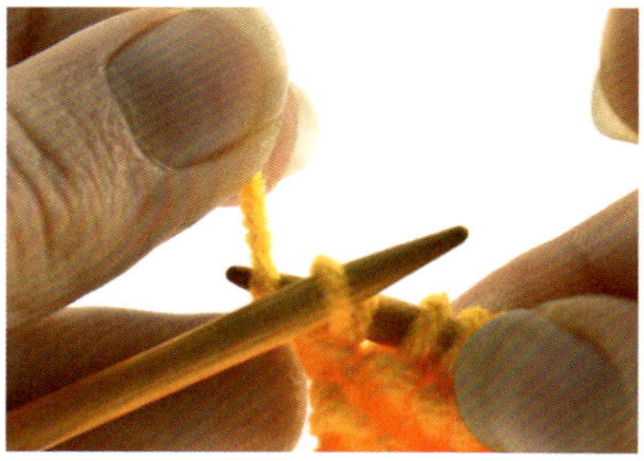

9 Reihe 20: Du hast jetzt 21 Maschen auf der Stricknadel. Stricke 19 Maschen. Dann nimmst du 1 Masche ab, indem du die letzten 2 Maschen zusammenstrickst (= 20 Maschen).

10 Reihe 21: Stricke 20 Maschen.

11 Reihe 22: Stricke 18 Maschen. Dann nimmst du 1 Masche ab, indem du die letzten 2 Maschen zusammenstrickst (= 19 Maschen).

12 Reihe 23: Stricke 19 Maschen.

13 Reihe 24–36: Stricke immer alle Maschen rechts. In allen geraden (24., 26., 28. usw.) Reihen nimmst du am Ende der Reihe immer 1 Masche ab, indem du die letzten 2 Maschen zusammenstrickst. In der 36. Reihe hast du wieder 12 Maschen auf der Stricknadel.

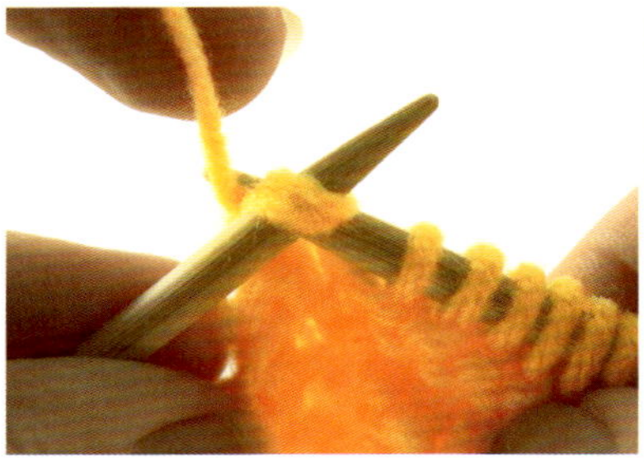

14 Wiederhole Schritt 2–13 noch 4-mal.

15 Jetzt kannst du alle Maschen abketten. Schneide anschließend den Faden 15 cm von der Stricknadel entfernt ab, ziehe die letzte Schlinge lang und vernähe alle Fäden.

16 Fädle einen Wollfaden auf die Wollnadel und nähe die Knöpfe und je 1 Perle mit einer Schlinge auf jede Zacke. Falls die Knopflöcher sehr klein sind, verwendest du zum Annähen Nähgarn und eine Nähnadel. Vernähe zum Schluss die Fäden.

17 Zum Schluss legst du die schmalen Kanten aufeinander, mit der schönen Kronenseite innen. Fixiere die Kanten mit Stecknadeln und nähe sie mit Überwendlingsstichen zusammen.

18 Verziere dein Krönchen, indem du die Knöpfe mit Nähgarn und Nähnadel oder Wollgarn und Wollnadel – je nach Größe des Knopflochs – annähst.

TIPP

Du kannst deine Krönchen auch verzieren, indem du Glitzersteine und Glitzerperlen aufklebst.

Kleine Krone

1 Schlage 6 Maschen an.

2 Stricke ab jetzt immer rechte Maschen. Wie bei der großen Krone in Schritt 2–8 beschrieben, nimmst du in allen geraden Reihen (2., 4., 6. usw.) am Ende 2 Masche zu, indem du immer aus den letzten 2 Maschen 1 Masche herausstrickst. Nimm auf diese Weise Maschen zu, bis du in der 12. Reihe 18 Maschen auf der Strickadel hast. Die 13. Reihe strickst du rechte Maschen.

3 Ab der 14. Reihe nimmst du wie bei der großen Krone in Schritt 9–13 beschrieben in allen geraden Reihen Maschen ab, indem du immer von den letzten 4 Maschen einer Reihe jeweils 2 Maschen zusammenstrickst. Nimm auf diese Weise Maschen ab, bis du nur noch 6 Maschen auf der Stricknadel hast.

4 Wiederhole Schritt 2 und 3, bis du 5 Zacken hast.

5 Nähe die Holzperlen an die Zackenspitze, wie bei der großen Krone in Schritt 16 beschrieben. Stecke das Satinband auf der Krone fest. Dann nähst du die Knöpfe auf das Satinband. Stich dabei durch Band und Krone durch, so nähst du gleichzeitig das Satinband an. Lege unter der mittleren Zacke den großen rosa Knopf und einen Blümchenknopf übereinander und nähe sie auf dem Satinband fest.

6 Nähe die Krone zusammen, wie bei der großen Krone in Schritt 17 beschrieben.

7 Wenn dein Krönchen fertig ist, kannst du es mit 2 Haarklammern am Haar befestigen. Stich dazu einfach durch die untere Kante der Krone hindurch.

Gemütliches Eulenkissen

zum Kuscheln

Diese Stricktechniken brauchst du: Maschen anschlagen, rechte Maschen, Abketten

1 Schlage auf der Rundstricknadel 72 Maschen in Cayenne an. Achte darauf, dass die fertige Maschenkette nicht verdreht ist und alle Anschlagknötchen innen liegen.

2 Nimm die Nadel mit dem Anfangsfaden in deine linke Hand und die Nadel mit dem Arbeitsfaden in deine rechte Hand. Ziehe den Arbeitsfaden hinter die linke Stricknadel.

3 Stricke 47 Runden rechte Maschen. Hänge nach der 1. Runde einen Maschenmarkierer in deine Arbeit um den Rundenanfang zu markieren. Dadurch dass du im Kreis strickst, erscheinen die rechten Maschen des Schlauchs „glatt rechts".

4 Knote einen Faden in Mosaikblau an und stricke 18 Runden in dieser Farbe. Danach kettest du alle Maschen ab. Schneide anschließend den Faden 15 cm vom Knäuel entfernt ab, ziehe die letzte Schlinge lang und vernähe alle Fäden.

5 Schlage für die Flügel 30 Maschen an und stricke 22 Reihen rechte Maschen. Dann kettest du alle Maschen ab und vernähst die Fäden. Wiederhole den Schritt für den 2. Flügel.

6 Schlage für den Schal 6 Maschen an und stricke 160 Reihen rechte Maschen. Dann kettest du alle Maschen ab und vernähst die Fäden.

Material

- Schachenmayr original Boston in Cayenne (Fb 113), 150 g
- Schachenmayr original Boston in Mosaikblau (Fb 65), 50 g
- Schachenmayr original Boston in Jade meliert (Fb 71), 50 g
- Tiernasenknopf in Orange
- 2 Knöpfe in Schwarz, ø ca. 2,5 cm
- 2 Knöpfe in Türkis, ø ca. 5 cm
- Bastelfilz in Türkisblau, A5
- Zirkel oder Tasse, ø ca. 10 cm
- Rundstricknadel 7 mm, 60 cm lang
- Wollnadel
- Schere
- Nähgarn
- lange schmale Nähnadel
- Klebstoff oder Textilkleber
- Füllwatte für ein Kissen (alternativ Kissen, 30 cm x 30 cm)
- Stecknadeln
- ggf. Maschenmarkierer und Rundenzähler

7 Wende den Eulenkörper auf die linke Seite. Stecke am blauen Ende die offenen Kanten mit Stecknadeln aufeinander und nähe sie mit Wollnadel, blauer Wolle und Überwendlingsstichen zusammen.

8 Wende den Schlauch wieder auf die rechte Seite und stopfe Füllwatte hinein. Stecke nun an der anderen Seite die offene Kante mit Stecknadeln zusammen und nähe sie mit Wollnadel, cayennefarbener Wolle und Überwendlingsstichen zu.

9 Schlage die beiden cayennefarbenen Ecken ca. 5–6 cm nach innen und nähe die beiden Spitzen mit einigen Überwendlingsstichen auf die mittlere Naht.

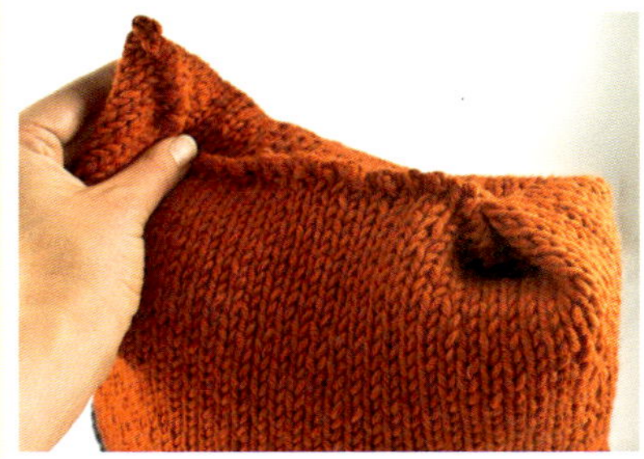

10 Jetzt kannst du die Eulenflügel links und rechts etwas unterhalb des Farbwechsels mit cayennefarbener Wolle und Wollnadel annähen. Arbeite dazu im Überwendlingsstich immer einmal durch den Eulenkörper und einmal durch den Flügel. Die Flügel sollten auf dem Vorderteil, nicht genau auf der Seite sitzen.

11 Fädle einen Wollfaden in Cayenne auf eine Wollnadel und stich einige Male in großen Schlingen durch die blauen Ecken. Damit die Schlingen groß genug werden, kannst du deine Finger als Maß nehmen. Mache dasselbe auch mit einigen Fäden in Mosaikblau.

12 Schneide die Schlingen auf und verknote die einzelnen Fäden miteinander. Schneide die Fäden gleich lang.

13 Zeichne mit dem Zirkel 2 Kreise von ca. 10 cm Durchmesser auf den Filz und schneide sie aus. Du kannst als Kreisvorlage auch eine große Tasse mit Bleistift umfahren.

14 Klebe die 2 Kreise mit etwas Klebstoff auf die Eule auf.

15 Fädle farblich passendes Nähgarn auf die Nähnadel und nähe die kleinen schwarzen Knöpfe auf die großen türkisfarbenen Knöpfe. Anschließend nähst du beides jeweils innen von der Mitte auf die Filzkreise auf. Stich dabei mit der Nadel durch das ganze Kissen, damit die Augen sich etwas nach innen ziehen und dadurch plastischer aussehen.

16 Nähe den Tiernasenknopf etwas unterhalb der Augen als Schnabel an.

17 Überdehne den Schal, indem du ihn kräftig in die Länge ziehst, damit er schön gerippt aussieht. Dann schlingst du ihn kunstvoll mit einem Knoten um den Eulenhals.

TIPP

Mit anderen Farben kannst du auch andere Tiere kreieren. Stricke doch einen Pinguin aus Wolle in Schwarz, Weiß und Gelb. In Schwarz strickst du den Kopf und die Flügel, Weiß verwendest du für den Körper und Gelb für die Puschelohren.

Coole Krawatte

ganz businesslike!

Diese Stricktechniken brauchst du: Maschen anschlagen, rechte Maschen, Maschen zunehmen und abnehmen, Abketten

Maschenprobe: 18 Maschen in 30 Reihen ergeben 10 cm x 10 cm

Material

Krawatte mit Buchstaben

- Schachenmayr original Sun City in Pool (Fb 265), 50 g
- Buchstabenknöpfe
- Stricknadel 4 mm
- Wollnadel
- Schere
- Nähnadel
- Nähgarn in passenden Farben
- Broschennadel, 3 cm lang
- Maschenmarkierer
- ggf. Reihenzähler

Krawatte mit Sternchen

- Schachenmayr original Sun City in Lila (Fb 247), 50 g
- 3 Sternknöpfe, ø ca. 1,5 cm
- Stricknadel 4 mm
- Wollnadel
- Schere
- Nähnadel
- Nähgarn in Lila
- Broschennadel, 3 cm lang
- Maschenmarkierer
- ggf. Reihenzähler

1 Schlage 2 Maschen an und stricke sie rechts.

2 Jetzt beginnst du schon mit der Maschenzunahme: Stricke aus den 2 Maschen jeweils noch eine weitere Masche heraus (= 4 Maschen).

3 Stricke 1 Reihe rechte Maschen.

4 Stricke in der nächsten Reihe wieder nur rechte Maschen und aus der 1. und der letzten Masche jeweils wieder eine weitere Masche heraus.

5 Wiederhole Schritt 3 und 4, bis du 18 Maschen auf der Nadel hast. Stricke immer rechte Maschen.

6 Stricke 3 Reihen rechte Maschen.

7 Jetzt beginnst du mit der Maschenabnahme. Stricke auch hier immer rechte Maschen. Markiere in der nächsten Reihe die 8. und 9. sowie die 10. und 11. Masche, indem du einen Maschenmarkierer dazwischenhängst. Stricke diese Maschen jeweils zusammen, sodass du nur noch 16 Maschen auf der Nadel hast.

8 Stricke 8 Reihen rechte Maschen.

9 In der nächsten Reihe markierst du die 7. und 8. sowie die 9. und 10. Masche, indem du einen Maschenmarkierer dazwischenhängst. Stricke diese Maschen jeweils zusammen, sodass du nur noch 14 Maschen auf der Nadel hast.

LUIS

10 Stricke weitere 16 Reihen rechte Maschen.

11 In der nächsten Reihe markierst du die 6. und 7. sowie die 8. und 9. Masche. Stricke diese Maschen jeweils zusammen, sodass du nur noch 12 Maschen auf der Nadel hast.

12 Stricke 24 Reihen rechte Maschen.

13 In der nächsten Reihe markierst du die 5. und 6. sowie die 7. und 8. Masche. Stricke diese Maschen jeweils zusammen, sodass du nur noch 10 Maschen auf der Nadel hast.

14 Stricke 40 Reihen rechte Maschen.

15 In der nächsten Reihe markierst du die 4. und 5. sowie die 6. und 7. Masche. Stricke diese Maschen jeweils zusammen, sodass du nur noch 8 Maschen auf der Nadel hast.

16 Stricke 45 Reihen rechte Maschen.

17 In der nächsten Reihe markierst du die 3. und 4. sowie die 5. und 6. Masche. Stricke diese Maschen jeweils zusammen, sodass du nur noch 6 Maschen auf der Nadel hast.

18 Stricke 2 Reihen rechte Maschen.

19 Stricke die 2. und 3. sowie die 4. und 5. Masche zusammen.

20 Stricke 3 Reihen rechte Maschen. Dann kettest du alle Maschen ab und vernähst alle Fäden.

21 Lege das obere Krawattenende wie in den Fotos gezeigt zusammen.

22 Fädle einen Wollfaden in der passenden Farbe auf eine Wollnadel und stich in der Mitte einige Male quer durch alle Lagen.

23 Auf der Rückseite nähst du mit demselben Faden eine Broschennadel an.

24 Zum Schluss nähst du mit einer Nähnadel und Garn auf der Vorderseite die Knöpfe auf.

TIPP

Stricke bei Schritt 14 ca. 140 Reihen rechte Maschen und du erhältst eine richtige Krawatte zum Binden.

LUIS

Flauschige Handstulpen

Für warme Hände

Diese Stricktechniken brauchst du: Maschen anschlagen, Stricken mit Nadelspiel, rechte Maschen, linke Maschen, Abketten

Maschenprobe: 16 Maschen und 20 Reihen ergeben 10 cm x 10 cm

1 Schlage 20 Maschen an und verteile sie gleichmäßig auf 4 Nadeln des Nadelspiel. Auf jeder Nadel sollten 5 Maschen liegen. Achte darauf, dass die Maschenkette nicht in sich verdreht ist und alle Anschlagsknötchen innen liegen. Auch sollten die Abstände zwischen den Nadeln ganz gering sein.

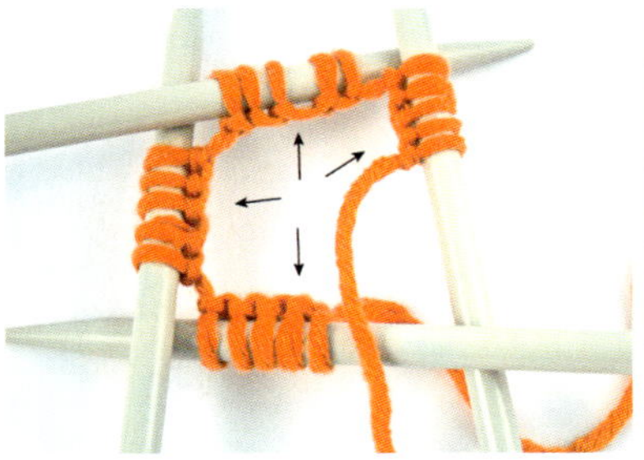

2 Nun nimmst du das Nadelspiel auf. Nimm die Nadel, an der der Arbeitsfaden hängt, in die rechte Hand. Ziehe den Arbeitsfaden hinter die 1. Masche auf der Nadel in deiner linken Hand und fange mit der 5. Nadel zu stricken an.

3 Stricke 1 rechte Masche. Stricke sie sehr fest, damit keine Lücke entsteht. Danach strickst du 1 linke Masche. Anschließend strickst du rechte und linke Maschen im Wechsel. Stricke nacheinander die Maschen auf allen Nadeln. Nach dieser 1. Runde kannst du einen Reihenzähler bzw. Maschenmarkierer einhängen und auch die Nadelstopper aufstecken.

4 Stricke in Runde 2–9 immer abwechselnd 1 rechte Masche und 1 linke Masche. So entsteht das Bündchen. Achte darauf, die 1. Masche jeder Nadel immer sehr fest zu stricken, damit keine Lücken entstehen.

5 Nach dem Bündchen strickst du 6 Runden nur rechte Maschen. Es entsteht ein glatt rechtes Gestrick.

6 Jetzt kommt das Daumenloch. Nachdem du die 4. Nadel der 15. Runde gestrickt hast, machst du nicht bei der 1. Nadel der neuen Runde weiter, sondern drehst dein Gestricktes so, dass du beim Stricken die Innenseite siehst. Du strickst nun nicht in Runden, sondern in Reihen. Stricke ab der 4. Nadel zurück: 1 rechte Masche und dann nur noch linke Maschen. Stricke alle Nadeln. Als letzte Masche der gesamten 16. Reihe strickst du wieder 1 rechte Masche.

Material

Halloween-Stulpen

- Schachenmayr original Boston in Kürbis (Fb 26), 50 g
- Filzrest in Braun
- Nadelspiel 8 mm
- Wollnadel
- Textilkleber
- ggf. Reihenzähler
- ggf. Maschenmarkierer
- ggf. Nadelstopper für große Nadeln

Stulpen aus Multicolor-Garn

- Schachenmayr original Boston Style in Mocca color (Fb 512), 50 g
- 2 Blütenknöpfe in Pink, ø 1,5 cm
- Nadelspiel 8 mm
- Wollnadel
- Nähnadel
- Nähgarn in Pink
- ggf. Reihenzähler
- ggf. Maschenmarkierer
- ggf. Nadelstopper für große Nadeln

7 Drehe deine Arbeit wieder so, dass du die Außenseite siehst, und stricke die 17. Runde rechte Maschen. Da du nun nicht in Runden, sondern in Reihen strickst, musst du abwechselnd Reihen mit linken und rechten Maschen stricken, damit das Muster „glatt rechts" bleibt.

8 Runde 18, 20, 22 strickst du wie in Schritt 6 für Reihe 16 beschrieben. Runde 19, 21 und 23 strickst du wie in Schritt 7 für Runde 17 beschrieben. So ergibt sich nach und nach zwischen der 1. und der 4. Nadel des Nadelspiels das Daumenloch.

9 Um die Öffnung wieder zu schließen, strickst du ab Runde 24 wieder in Runden. Drehe dafür nach Runde 23 das Nadelspiel nicht um, sondern stricke in Runde 24 mit der 1. Nadel weiter. Ziehe dazu den Arbeitsfaden wieder hinter die 1. Masche und stricke rechte Maschen. Stricke die 1. Masche wieder sehr fest, damit keine Lücke entsteht.

10 Stricke 9 Runden rechte Maschen und kette anschließend locker ab. Vernähe alle Fäden. Wiederhole Schritt 1–10 für die 2. Stulpe.

11 Schneide für die Halloween-Stulpen für Augen und Nase Dreiecke sowie einen Mund aus braunem Filz und klebe das Gesicht auf. Auf die anderen Stulpen nähst du mit Nähnadel und Garn in der passenden Farbe die Knöpfe auf.

TIPP

Wenn du nur das Bündchen strickst, erhältst du ein schickes Schweißband. Du kannst das Bündchen zunächst in einer Stricknadelstärke kleiner Stricken (7 mm) und ab der 1. Runde in „glatt rechtem Muster" mit Größe 8 mm weiterstricken. Verwende dazu in dieser Reihe als Hilfsnadeln einfach immer die größeren Nadeln.

Süße Schäfchen

ganz schnell gestrickt

Diese Stricktechniken brauchst du: Maschen anschlagen, rechte Maschen, linke Maschen, Abketten

1 Schlage für ein Bein 8 Maschen in Ocker an und stricke 14 Reihen glatt rechts. Stricke jeweils eine Randmasche am Anfang und am Ende der Reihe, wenn du in den Rückreihen links strickst. Kette alle Maschen ab und vernähe die Fäden. Wiederhole den Schritt für die 3 anderen Beine.

2 Schlage für ein Ohr 5 Maschen in Ocker an und stricke 10 Reihen glatt rechts. Stricke jeweils eine Randmasche am Anfang und am Ende der Reihe, wenn du in den Rückreihen links strickst. Kette anschließend alle Maschen ab und vernähe die Fäden. Wiederhole den Schritt für ein weiteres Ohr mit Wolle in Ocker und für den Schwanz in Himbeer oder Blau.

3 Für den Körper schlägst du 24 Maschen in Himbeer oder Blau an und strickst 40 Reihen kraus rechts. Dann kettest du alle Maschen ab und vernähst die Fäden.

4 Schlage für den Kopf 18 Maschen in Ocker an und stricke 14 Reihen glatt rechts. Anschließend knotest du einen farbigen Faden an und strickst 12 Reihen kraus rechts weiter. Am Ende kettest du die Maschen ab und vernähst die Fäden.

5 Lege die Seitenkanten des Körperteils quer zu den Rippen deckungsgleich aufeinander und nähe die Kante mit Überwendlingsstichen, einer Wollnadel und Garn in der passenden Farbe zusammen (im Foto in einer anderen Farbe dargestellt).

Material

Rosa Schaf

- myboshi No 1 in Himbeer (Fb 139), 50 g
- myboshi No 1 in Ocker (Fb 172), 50 g
- 2 Tieraugen-Knöpfe, ø 2,3 cm
- Stricknadel 8 mm
- Schere
- Wollnadel
- Nähgarn
- Nähnadel
- Füllwatte

Blaues Schaf

- myboshi No 1 in Ocker (Fb 172), 50 g
- myboshi No 1 in Himmelblau (Fb 151), 50 g
- 2 Tieraugen-Knöpfe, ø 2,3 cm
- Stricknadel 8 mm
- Schere
- Wollnadel
- Nähgarn
- Nähnadel
- Füllwatte

6 Fädle einen weiteren Faden auf die Wollnadel und stich an der oberen Kante des entstandenen Schlauch rundherum abwechselnd ein und aus. Straffe den Faden, sodass sich der Schlauch zuzieht, verknote die Fadenenden und vernähe sie.

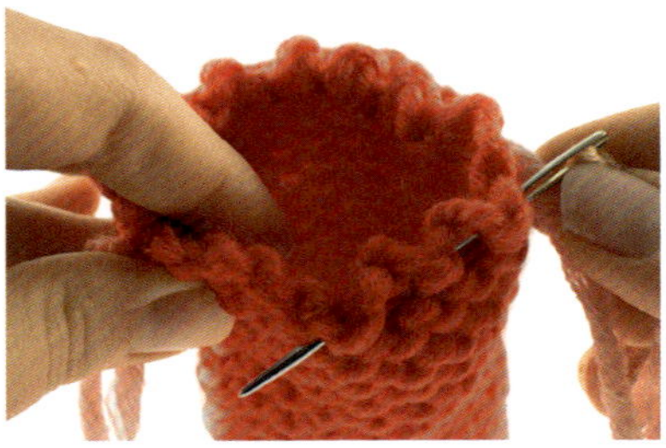

7 Fülle den Schlauch mit Füllwatte und schließe die Unterseite wie in Schritt 6 beschrieben.

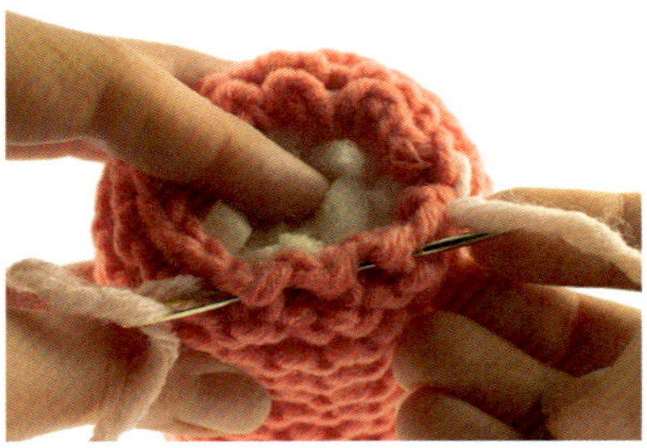

8 Lege das Kopfteil wie den Körper zusammen und nähe es an der langen Kante zusammen. Die glatt rechts aussehende Seite liegt dabei innen.

9 Lege den Schlauch flach hin, sodass die Naht in der Mitte liegt. Jetzt nähst du mit Wollnadel und Faden die Oberseite mit Überwendlingsstichen zusammen.

10 Wende den Kopf auf die richtige Seite (glatt rechts ist außen) und fülle ihn mit Füllwatte.

11 Nähe den Kopf wie in Schritt 6 für den Körper beschrieben zu.

12 Nähe die Ohren auf einer Seite von Ecke zu Ecke mit 2 Überwendlingsstichen zusammen. Dabei liegt die linke Gestrickseite innen.

13 Nähe die Ohren seitlich an den Kopf auf der Höhe des farbigen Teils an.

14 Jetzt kannst du die Augen mit Nähnadel und Nähgarn an den Kopf nähen. Nähe den Faden fest durch das ganze Kopfteil, damit sich die Augen schön dicht an den Kopf heranziehen.

15 Nähe jetzt den Kopf mit Wollnadel und Wollfaden mit einigen großen Schlingen an die kurze Seite des Körpers. Dazu stichst du immer durch den Körper und anschließend durch den Kopf. Stich immer in dieselben Löcher ein und lass den Faden locker. Ziehe zum Schluss den Faden straff und der Kopf zieht sich an den Körper.

16 Für die Beine faltest du die kleinen Rechtecke an der kurzen Seite mittig, sodass die Kanten deckungsgleich aufeinanderliegen (glatt rechte Seite liegt innen). Nähe die lange Kante und 1 kurze Kante mit Überwendlingsstichen zu.

17 Wende die Beine auf die richtige Seite und stopfe sie mit Füllwatte aus.

18 Lege Beine und Schwanz an die entsprechenden Stellen um den Schafskörper, um dir einen Überblick zu verschaffen.

19 Nähe die Beine und den Schwanz nun an den Körper. Du kannst die Teile mit Stecknadeln fixieren oder vorab mit etwas Klebstoff ankleben. So kannst du alles annähen, ohne dass die Teile verrutschen.

TIPP

Du kannst die Beine auch einfach einige Reihen länger stricken und dann nicht ausstopfen (siehe Seite 108). Das glatt rechts Gestrickte rollt sich automatisch zusammen und sieht wie Beine aus.

Gefräßige Fischmütze

macht gute Laune

Größe: Einheitsgröße für Köpfe ab 6 Jahren

Diese Stricktechniken brauchst du: Maschen anschlagen, rechte Maschen, linke Maschen, Bündchen stricken, Abketten

Material

- Schachenmayr original Northern in Jeans meliert (Fb 214), 50 g
- Schachenmayr original Northern in Royal (Fb 224), 50 g
- Rest Schachenmayr original Northern in Orange (Fb 212),
- 2 Pompons in Hellblau, ø 3 cm
- 2 Knöpfe in Schwarz, ø 1,8 cm
- Rundstricknadel 5 mm, 60 cm lang
- Rundstricknadel 4 mm, 60 cm lang
- Schere
- Wollnadel
- Nähnadel
- Nähgarn in Weiß

TIPP

Wenn es schneller gehen soll, kannst du auch Garn für Stricknadelgröße 7 mm verwenden. Dann schlägst du 60 Maschen an und strickst von jeder Farbe halb so viele Reihen. Den Rest arbeitest du wie in der Anleitung beschrieben.

1 Schlage mit der Stricknadel 4 mm 82 Maschen in Orange an.

2 Stricke 6 Reihen glatt rechts, also immer abwechselnd 1 Reihe linke Maschen und 1 Reihe rechte Maschen. Bei den Reihen mit linken Maschen strickst du die 1. und die letzte Masche der jeweiligen Reihe als Randmaschen rechts.

3 Stricke mit der Stricknadel 5 mm weitere 4 Reihen in Orange.

4 Knote einen Faden in Jeans meliert an und stricke 19 Reihen.

5 Knote einen Faden in Royal an und stricke 38 Reihen.

TIPP

Wenn du schon ein wenig erfahrener beim Stricken bist, kannst du die Fläche, die du mit dem Faden in Royal arbeitest, auch im Perlmuster (siehe Seite 34) arbeiten. Damit sieht dein Fisch noch echter aus.

6 Knote erneut einen Faden in Jeans meliert an und stricke 3 Reihen glatt rechts.

7 Stricke mit der kleineren Stricknadel (4 mm) ein Bündchen mit 2 Maschen rechts und 2 Maschen links im Wechsel. Stricke 10 Reihen und kette die Maschen in der 11. Reihe ab. Vernähe zum Schluss alle Fäden.

8 Lege das große Rechteck mit der glatt rechten Seite nach oben und klappe es über die Mitte zusammen, sodass die Kanten aufeinanderliegen. Fixiere die Seitenkanten mit Stecknadeln.

TIPP

Stecke mit den Stecknadeln zuerst die Stellen mit den Farbwechseln zusammen. Dann füllst du die Zwischenräume mit Nadeln aus. So verzieht sich nichts und die Farbwechsel liegen sauber aufeinander.

9 Fädle einen Wollfaden in Jeans meliert auf eine Wollnadel und nähe die Kante mit Überwendlingsstichen zusammen.

10 Wende den entstanden Schlauch, sodass die glatt rechts gestrickte Seite außen liegt.

11 Fädle einen Faden in Jeans meliert auf eine Wollnadel und stich die Nadel 4 cm vom Bündchen entfernt rundherum durch den Schlauch. Stich dabei immer durch 2 Maschen, lass 2 Maschen aus und stich dann wieder durch 2 Maschen.

12 Jetzt straffst du den Faden, sodass sich der Schlauch zu einem Fischschwanz zusammenzieht. Knote eine Schleife und einen Doppelknoten in die Fadenenden.

13 Für 1 Flosse schlägst du 10 Maschen mit der Stricknadel 4 mm an und strickst abwechselnd 2 Maschen rechts, 2 Maschen links über 10 Reihen. Denk daran, auch hier immer 1 Randmasche am Anfang und am Ende jeder Reihe zu arbeiten. Danach strickst du 3 Reihen nur rechte Maschen, kettest dann ab und vernähst die Fäden. Wiederhole den Schritt für die 2. Flosse.

14 Fädle einen Faden in Jeans meliert auf eine Wollnadel. Nähe damit die Flossen links und rechts an der Mütze an. Die Flossenseite mit den „kraus rechten" Maschen (auf dem Flossenfoto in Schritt 13 die obere Kante) zeigt dabei von der Mütze weg.

15 Nähe mit der Wollnadel und einem Faden in Jeans meliert an den Seiten der Mütze das Rollbündchen fest, indem du es ein bisschen aufrollst und einige Male mit dem Faden umschlingst. So wird aus dem Rollbündchen ein wulstiger Fischmund. Vernähe anschließend die Fäden.

16 Zum Schluss nähst du die Knöpfe mit Nähnadel und Nähgarn in Weiß auf die Pompons. Die Pompons nähst du anschließend als Augen an der Mütze fest.

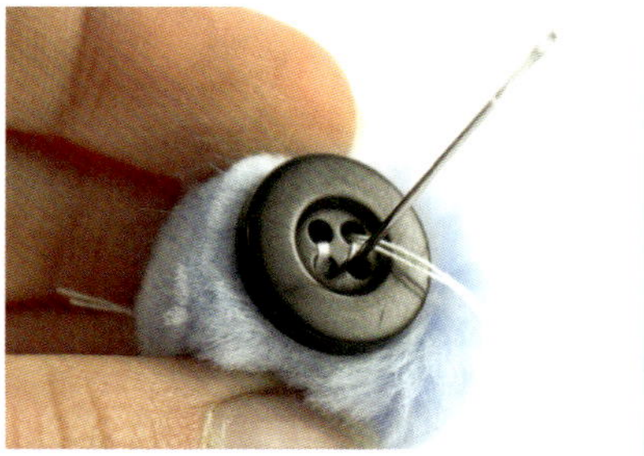

TIPP

Die Mütze kannst du wegen der Pompons nur mit der Hand waschen. Aber vielleicht weißt du ja, wie man Pompons aus Wolle selbst macht? Fertige dir welche aus derselben Wolle wie die Mütze an und verwende sie anstatt der gekauften Pompons. Dann kannst du die Mütze auch in der Waschmaschine im Wollwaschprogramm waschen.

Süßes Katzenmonster

mit rosa-roten Streifen

Größe: 40 cm hoch

Diese Stricktechniken brauchst du: Maschen anschlagen, rechte Maschen, linke Maschen, Abketten

1 Schlage für die Ohren 7 Maschen in Rot an und stricke 10 Reihen glatt rechts, also immer abwechselnd 1 Reihe rechte Maschen und 1 Reihe linke Maschen In der 11. Reihe kettest du ab und vernähst alle Fäden. Wiederhole den Schritt für das 2. Ohr.

2 Schlage für die Beine 9 Maschen in Rot an und stricke 22 Reihen glatt rechts. In der 23. Reihe kettest du ab und vernähst alle Fäden. Wiederhole den Schritt für das 2. Bein.

3 Schlage für den Schwanz 9 Maschen in Rot an und stricke 6 Reihen glatt rechts. Dann knotest du einen Faden in Rosa an und strickst immer im Wechsel 2 Reihen in Rosa und 2 Reihen in Rot, bis du 6 rosa Streifen hast. Schneide den Faden beim Farbwechsel nicht ab, sondern lass ihn hängen und nimm ihn wieder auf, wenn die Farbe wieder dran ist. Die letzten 8 Reihen strickst du in Rot. Dann kettest du ab und vernähst die Fäden.

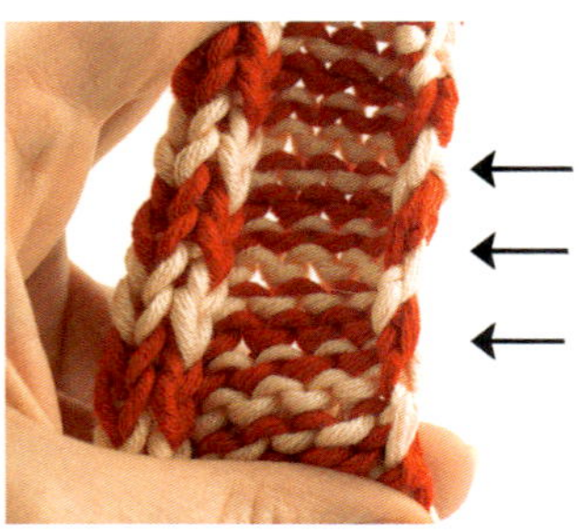

4 Schlage für das hintere Körperteil 20 Maschen in Rot an und stricke 36 Reihen glatt rechts. Dann kettest du ab und vernähst die Fäden.

5 Schlage für das vordere Körperteil 20 Maschen in Rot an und stricke 6 Reihen in Rot. Dann knotest du einen Faden in Rosa an und strickst immer abwechselnd 2 Reihen in Rosa und 2 Reihen in Rot, bis du 4 Streifen in Rosa hast. Stricke danach noch 16 Reihen in Rot und kette dann die Maschen ab.

6 Lege alle Teile vor dich hin, wie sie später zusammengenäht werden.

Material

- Schachenmayr original Boston Sun in Rot (Fb 30), 200 g
- Rest Schachenmayr original Boston Sun in Marine (Fb 54)
- Rest Schachenmayr original Boston Sun Pastell in Rosa (Fb 335), alternativ Schachenmayr original Boston in Rosa (Fb 134) oder Schachenmayr original Boston Sun in Aqua (Fb 51)
- Herzknopf in Rosa, ca. 2 cm hoch
- 2 Kugelknöpfe in Schwarz, ø ca. 1,5 cm
- Knopf in Rosa, ø ca. 2,5 cm
- Füllwatte
- Rest Bastelfilz in Weiß
- Stricknadel 7 mm
- Schere
- Wollnadel
- Nähnadel
- Nähgarn in Rosa und Rot
- Textilkleber (z.B. UHU Creativ für Stoffe, Borten und Bänder)
- Stecknadeln

TIPP

Wenn du etwas dickere Beine haben möchtest, schlage zu Beginn doppelt so viele Maschen an (14 Maschen). Lege die Beinrechtecke längs rechts auf rechts aufeinander und nähe sie an den Längskanten und unten mit Überwendlingsstich zusammen. Wende die Schläuche. Anschließend kannst du die Beine mit Füllwatte ausstopfen und dann annähen.

Kekse
sind
alle!

7 Stecke nun die Beine, Arme und Ohren an den Kanten des gestreiften Körpervorderteils fest. Lege dazu das Körperteil mit der glatt rechten Seite nach oben. Arme, Beine und Ohren legst du mit der zusammengerollten offenen Kante nach oben darauf und steckst die Kanten fest. Lass die Arme etwas schräg nach unten schauen. Alle Teile sollten an den Kanten ein klein wenig überstehen.

8 Nun legst du das hintere Körperteil darüber, sodass die glatt rechte Seite unten bzw. innen liegt. Stecke das Teil auf dem anderen fest. Beginne mit Stecknadeln an den vier Ecken und setze dann Nadeln in die Zwischenräume.

9 Fädle einen Faden in Rot auf die Wollnadel und nähe mit Überwendlingsstichen an den Kanten einmal rundherum. Unter dem Arm lässt du eine ca. 4 cm lange Öffnung zum Wenden. Achte darauf, dass du Arme und Beine mit festnähst.

10 Wende die Katze durch die Wendeöffnung. Falls Arme, Beine oder Ohren an einigen Stellen noch lose sind, kannst du sie jetzt mit einigen Stichen nachträglich fest am Körper annähen. Dein Katzenmonster ist nun bereit, ausgestopft zu werden.

11 Fülle das Katzenmonster mit Füllwatte. Achte darauf, dass du die Ecken gut ausformst.

12 Jetzt nähst du die Öffnung mit Wollnadel und Faden im Überwendlingsstich zusammen

13 Lege den Schwanz auf die Rückseite der Katze, den rosa Knopf obenauf, und nähe beides mit Nähnadel und Nähgarn in Rosa fest.

14 Die Ohren knickst du an der oberen Kante einmal mittig (siehe Foto) und nähst die Kante mit Wollnadel und einem Wollfaden in Rot mit einigen Überwendlingsstichen zusammen. Vernähe die Fadenenden.

15 Fädle einen Faden in Rosa auf die Wollnadel und mache an den Pfoten jeweils 3 Überwendlingsstiche als Krallen.

16 Schneide einen 12 cm langen Faden in Marine und klebe ihn wie im Foto gezeigt als Mund auf. Dann schneidest du kleine Dreiecke aus weißem Filz und klebst sie als Eckzähne auf.

17 Zum Schluss nähst du die Augenknöpfe und den Herzknopf als Nase mit Nähnadel und Nähgarn in Rot fest. Nähe dabei durch den ganzen Körper der Katze, damit sich die Knöpfe eng an den Kopf heranziehen.

Für Strick-Profis

Du hast die Modelle der beiden ersten Kapitel locker gestrickt? Dann geht's jetzt an die Profimodelle. Einfache Socken ohne Ferse, eine kuschelige Weste mit Schalkragen, eine süße Mauskapuze und lässige Beanies für einen coolen Auftritt – leg los und stricke dir deine Kleider und coolen Accessoires selbst.

Tierische Schalmütze

für pfiffige Mäuse

Größe: Einheitsgröße für Kinder ab 6 Jahren

Diese Stricktechniken brauchst du: Maschen anschlagen, rechte Maschen, linke Maschen, Abketten

Material

- Schachenmayr original Bravo Big in Saphirblau (Fb 152), 400 g
- Satinband in Türkis, 2,5 cm breit, 1 m lang
- 2 Knöpfe in Hellpink, ø ca. 6 cm
- Rundstricknadel 10 mm, 80 cm lang
- Schere
- Wollnadel
- Klebstoff

1 Schlage 50 Maschen an.

2 Stricke 38 Reihen glatt rechts, also immer abwechselnd 1 Reihe mit rechten Maschen und 1 Reihe mit linke Maschen. Bei den Reihen mit linken Maschen strickst du die ersten 2 und die letzten 2 Maschen der Reihe als Randmaschen auch rechts.

3 Schlage in der 38. Reihe am Ende der Nadel 14 neue Maschen an.

4 Führe die Nadel mit den angeschlagenen Maschen, die du in der rechten Hand hältst, zu der anderen Seite deines gestrickten Rechtecks (das glatt rechts gestrickte liegt unten). Lege den Arbeitsfaden hinter die Maschenreihe auf der linken Nadel.

5 Nun strickst du in Runden weiter nur rechte Maschen. Stricke die 1. Masche sehr fest, damit keine Lücke entsteht. Stricke 28 Runden, dann kettest du die Maschen ab und vernähst die Fäden.

6 Wende den Schlauch auf die linke Seite (das glatt rechts Gestrickte liegt innen) und lege das Strickstück flach vor dich. Lege es deckungsgleich zusammen, sodass es aussieht wie ein „L".

7 Die Kante mit den Maschen, die du zuerst angeschlagen hast, zeigt nun nach oben. Stecke sie mit Stecknadeln zusammen und nähe sie mit Überwendlingsstichen zu. Fertig ist die Kapuze. Vernähe am Ende alle Fäden und wende die Mütze wieder, sodass die glatt rechts gestrickte Seite außen liegt.

8 Fädle das Satinband auf eine Wollnadel. Stich nun mit der Nadel in Abständen von 1,5 cm entlang der Kante, wo der Schlauch beginnt, in das Gestrick hinein und wieder heraus und ziehe dabei das Band durch das Gestrickte. Beginne seitlich und arbeite einmal rundherum. Dann ziehst du das Band etwas zusammen und machst eine schöne Schleife. Auf die Enden des Satinbands kannst du etwas Klebstoff auftragen, damit sie nicht ausfransen.

9 Für die Ohren schlägst du 7 Maschen an und strickst 10 Reihen glatt rechts. Stricke in Reihen mit linken Maschen am Anfang und am Ende der Reihe jeweils 1 Randmasche. Kette anschließend alle Maschen ab und vernähe die Fäden. Wiederhole den Schritt für das 2. Ohr.

10 Nähe die Knöpfe mit Wollnadel und Wollgarn mittig auf die Ohren auf.

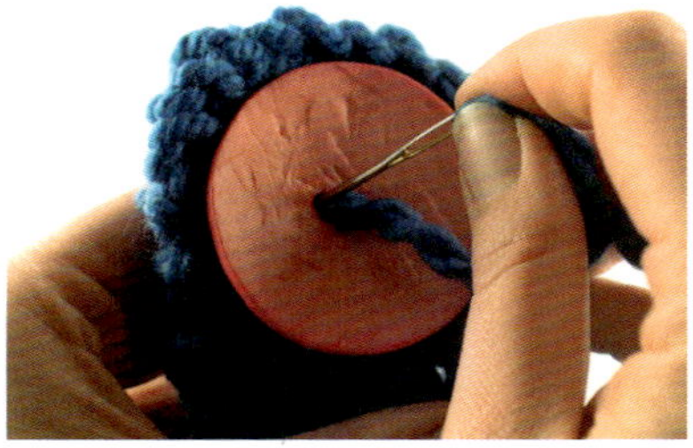

11 Nähe die Ohren mit deiner 1. Maschenreihe links und rechts auf der Kapuze fest. Fertig ist deine Mäusemütze!

TIPP

Eine einfachere Variante ist es, am Anfang 64 Maschen anzuschlagen und mit der Rundstricknadel 66 Runden zu stricken. So erhältst du keine spitze Kapuze, sondern einen witzigen Schlauchschal, den du über den Kopf und die Schulter ziehen kannst. Die Ohren fertigst du an wie beschrieben und nähst sie an. Das Satinband fädelst du etwa in der Hälfte des Schlauchs in das Gestrickte.

Kunterbunte Socken

ganz einfach ohne Ferse gestrickt

Größe: Einheitsgröße für Kinder ab 6 Jahren

Diese Stricktechniken brauchst du: Maschen anschlagen, rechte Maschen, Maschen abnehmen, Stricken mit dem Nadelspiel, Abketten

1 Schlage 48 Maschen auf 1 Nadel des Nadelspiels an. Verteile anschließend je 12 Maschen auf die 4 Nadeln. Schiebe die Maschen dazu einzeln auf die anderen Nadeln.

2 Lege die 4 Nadeln zu einem Viereck vor dich. Achte darauf, dass die Maschenkette nicht verdreht ist und alle Anschlagknötchen innen liegen.

3 Nimm nun die Nadeln an der Stelle auf, wo Fadenanfang und Arbeitsfaden sind. An der linken Nadel sollte der Anfangsfaden hängen, an der rechten Nadel sollte vor den Maschen der Arbeitsfaden mit dem Knäuel sein. Ziehe den Arbeitsfaden hinter die Maschenreihe auf der linken Nadel.

4 Nimm die 5. Nadel in die rechte Hand und stricke 1 Runde (also alle 4 Nadeln) rechte Maschen. Markiere anschließend den Anfang der Runde mit einem Maschenmarkierer. Stricke anschließend 100 Runden rechte Maschen. Den Maschenmarkierer kannst du dabei immer Stück für Stück nach oben versetzen.

Material

- Schachenmayr Regia Color 6-fädig in Picknick Color (Fb 6089), 100 g
- 2 Tatzenknöpfe in Orange, ca. 1,5 cm hoch
- Satinband in Türkisblau, 2,5 cm breit, 2 x 10 cm lang
- Stricknadelspiel 4 mm
- Nähnadel
- Nähgarn
- Wollnadel
- Schere
- 4 Maschenmarkierer
- ggf. Reihenzähler
- ggf. Maschenstopper

5 An der Fußspitze strickst du auch weiterhin rechte Maschen. Damit die Socke vorn spitz zuläuft, musst du aber Maschen abnehmen. Das geht so: Stricke in der 101. Runde von der 1. Nadel die letzten 2 Maschen zusammen. Von der 2. Nadel strickst du die ersten 2 Maschen zusammen. Von der 3. Nadel strickst du die letzten 2 Maschen zusammen und von der 4. Nadel strickst du die ersten 2 Maschen zusammen (im Foto grün markiert sind die Stellen, an denen Maschen abgenommen werden). Hänge dir einen Maschenmarkierer an jeder Ecke ein, damit du siehst, wo du Abnahmen stricken musst.

6 Stricke anschließend 2 Runden rechte Maschen ohne Abnahmen.

7 Jetzt strickst du wieder 1 Runde mit den Abnahmen wie in Schritt 5 beschrieben. Danach strickst du 2 Runden rechte Maschen ohne Abnahmen wie in Schritt 6. Sollten die Maschen sehr eng sein, kannst du vor dem Überstülpen mit der rechten Nadel in die Masche leicht einstechen und sie weiten.

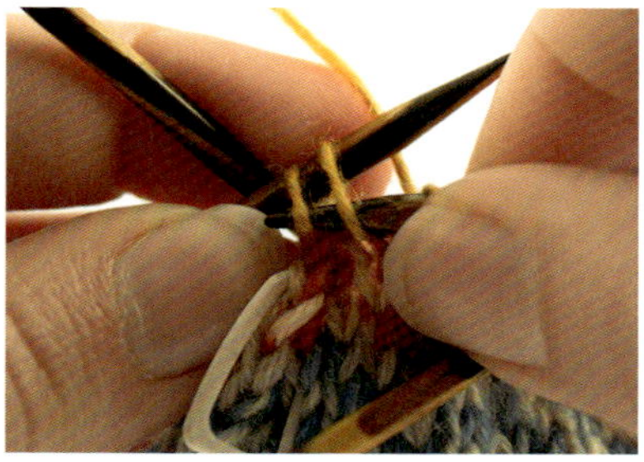

8 Wiederhole Schritt 5 und 6, bis du nur noch 1 Masche auf jeder Nadel hast.

9 Lass nun die 4 verblieben Maschen auf eine Stricknadel gleiten. Schneide den Faden 20 cm von Knäuel entfernt ab, fädle ihn auf eine Wollnadel und stich damit von rechts nach links durch alle 4 Maschen (Foto).

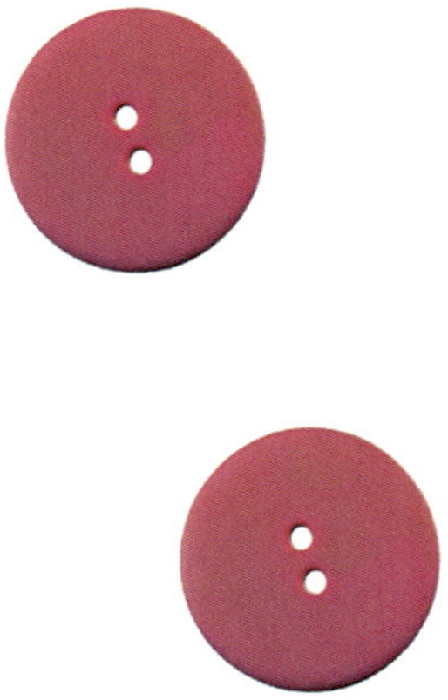

10 Stich mit der Wollnadel ins Sockeninnere, wende die Socken vorsichtig, damit du dich nicht stichst, und vernähe den Faden.

Du hast eine tolle runde Sockenspitze gestrickt.

TIPP

Dir gefällt das Garn, aber du traust dir noch nicht zu, die Fußspitze zu stricken? Dann stricke einfach Runden mit rechten Maschen und kette nach den 100 Runden die Maschen ab. So erhältst du schicke Stulpen.

11 Lege einen Satinbandstreifen wie in den Fotos gezeigt um das Rollbündchen. Fädle Nähgarn auf die Nähnadel und nähe das Band und den Knopf fest. Stich dabei durch die Knopflöcher, das Band, die Socke und innen wieder durch das Band, damit alles schön fest sitzt. Wiederhole die Schritte für die 2. Socke.

Trendige Weste

mit geringeltem Schlauchschal

Größe: Einheitsgröße für Kinder ab 6 Jahren

Diese Stricktechniken brauchst du: Maschen anschlagen, rechte Maschen, Abketten

1 Schlage 49 Maschen in Indigo an und stricke 67 Reihen rechte Maschen. Für dieses große Teil brauchst du mehrere Knäuel Wolle. Wenn ein Knäuel zu Ende ist, knotest du einfach den Faden des neuen Knäuels an.

2 In der 68. Reihe kettest du die ersten 5 Maschen ab und strickst dann den Rest weiter rechte Maschen.

3 In der 69. Reihe kettest du wieder die ersten 5 Maschen ab und strickst dann weiter rechte Maschen.

4 Jetzt strickst du 32 Reihen rechte Maschen.

5 In der nächsten Reihe kettest du die ersten 30 Maschen ab, sodass du nur noch 9 Maschen auf der Nadel hast.

6 Stricke mit den 9 Maschen 22 Reihen rechts. Dann kettest du alle Maschen ab und vernähst die Fäden.

7 Wiederhole Schritt 1–6, um ein 2. Teil zu stricken.

Material

- Schachenmayr original Boston in Indigo (Fb 54), 300 g
- Schachenmayr original Boston in Rot (Fb 30), 50 g
- Schachenmayr original Boston in Mosaikblau (Fb 65), 50 g
- 2 Knöpfe in Rot, ø ca. 2,5 cm
- 2 Knöpfe in Royalblau, ø ca. 2,5 cm
- Rundstricknadel 7 mm, 60 cm lang
- Wollnadel
- Schere
- Nähnadel
- Nähgarn in Rot und Blau
- Stecknadeln

8 Lege die beiden Teile spiegelverkehrt hin, sodass sich die Oberkanten mit den schmalen Streifen gegenüberliegen. Dann steckst du die schmalen Streifen auf den Oberkanten des jeweils anderen Teils so fest, dass sich die Teile ca. 2 cm überlappen.

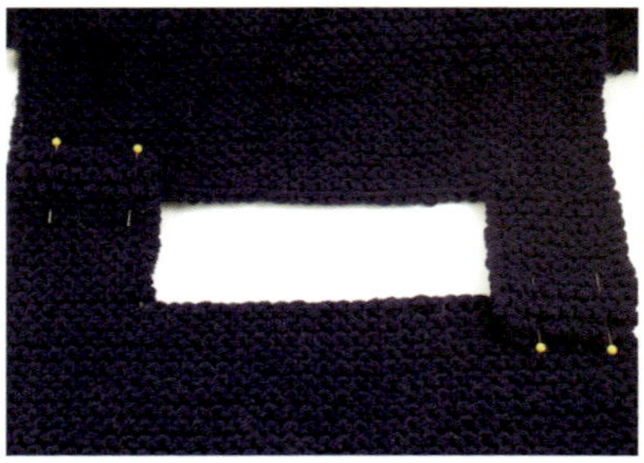

9 Nähe auf den sich überlappenden Teilen jeweils 2 Knöpfe mit der Nähnadel und jeweils farblich passendem Nähgarn fest. Stich dabei mit der Nadel durch alle Lagen hindurch.

10 Fädle einen ca. 40 cm langen Wollfaden in Mosaikblau in die Wollnadel. Stich nun an einer beliebigen Stelle des Ausschnitts ein und führe die Nadel in lockeren Überwendlingsstichen einmal rund um die Kante des Halsausschnitts. Fädle immer einen weiteren ca. 40 cm langen Faden ein, wenn der Faden in der Nadel zu Ende ist. Lass die Enden der Fäden zunächst lose hängen und verknote sie, wenn du einmal rundherum genäht hast. So entstehen Schlingen für das Bündchen. Es sollten rundherum ca. 70 Schlingen sein.

11 Fädle nun die Stricknadel durch alle Schlingen. Dann knotest du den Arbeitsfaden an die 1. Schlinge auf der linken Stricknadel. Nun kannst du losstricken wie gewohnt.

12 Stricke 4 Runden rechte Maschen in Mosaikblau. Knote dann einen Faden in Rot an und stricke wieder 4 Runden rechte Maschen. Stricke in dieser Farbfolge weiter, bis du von jeder Farbe 4 Streifen gestrickt hast. Du musst die Fäden nicht immer neu anknoten, sondern kannst sie mitführen (flotten), also einfach hängenlassen und wieder aufnehmen, wenn du die Farbe brauchst. Du endest mit einem roten Streifen und kettest dann alle Maschen ab.

13 Wende die Weste auf die linke Seite. Jetzt legst du die Westenteile deckungsgleich aufeinander und steckst die Seitenkanten mit Stecknadeln zusammen. Nähe die Seitenkanten mit Überwendlingsstichen zusammen und vernähe alle Fäden. Danach wendest du die Weste auf die richtige Seite und kannst sie sofort anziehen.

TIPP

Stricke zusätzlich 2 kleine Rechtecke und nähe sie links und rechts auf dem Vorderteil als Taschen auf. Schlage dafür 20 Maschen an und stricke 30 Reihen rechte Maschen. Dann kettest du alle Maschen ab.

Lässig unterwegs

Beanies in frechen Farben

Größe: Einheitsgröße für Kinder ab 6 Jahren.

Diese Stricktechniken brauchst du: Maschen anschlagen, Stricken mit dem Nadelspiel, rechte Maschen, linke Maschen, Abketten

Maschenprobe: 12 Maschen und 18 Reihen ergeben 10 cm x 10 cm

Material

Geringelte Mütze

- Schachenmayr original Merino Super Big Mix in Tomate (Fb 31), 100 g
- Schachenmayr original Merino Super Big Mix in Weiß (Fb 1), 100 g
- Schachenmayr original Merino Super Big Mix in Pool (Fb 69), 100 g
- Sternknopf in Orange, ø 2,5 cm
- Nadelspiel 8 mm
- Wollnadel
- Nähnadel
- Nähgarn in Orange
- Maschenmarkierer
- ggf. Maschenstopper

Zweifarbige Mütze

- Schachenmayr original Merino Super Big Mix in Anis (Fb 22), 100 g
- Schachenmayr original Merino Super Big Mix in Kardinal (Fb 36), 100 g
- Herzknopf in Pink, ø 2,5 cm
- Nadelspiel 8 mm
- Wollnadel
- Nähnadel
- Nähgarn in Pink
- Maschenmarkierer
- ggf. Maschenstopper

TIPP

Damit das Bündchen etwas straffer wird, kannst du es mit der nächstkleineren Nadelstärke stricken und nach dem Bündchen zu der größeren Nadel wechseln.

1 Schlage 66 Maschen an und verteile sie auf 3 Nadeln. Auf jeder Nadel liegen nun 22 Maschen.

2 Lege die Nadeln im Dreieck hin. Achte darauf, dass die Maschenkette nicht verdreht ist und alle Anschlagknötchen innen liegen. Auch sollten die Abstände zwischen den Nadeln gering sein.

3 Nun nimmst du die 3 Nadeln auf. Der Arbeitsfaden sollte an der rechten Nadel hängen und der Anfangsfaden an der linken Nadel. Ziehe den Arbeitsfaden hinter die linke Nadel und nimm die 4. Nadel in die rechte Hand.

4 Stricke für das Bündchen immer abwechselnd 1 rechte Masche und 1 linke Masche. Stricke die 1. rechte Masche sehr fest, damit später keine Lücke entsteht. Wenn du alle Nadeln nacheinander gestrickt hast, ist die 1. Runde geschafft.

5 Hänge einen Maschenmarkierer in deine Arbeit, um den Rundenanfang zu kennzeichnen. Du kannst auch Maschenstopper auf die Nadeln stecken, damit die Maschen beim Stricken nicht herunterrutschen.

6 Stricke weitere 5 Runden im Bündchenmuster, immer abwechselnd 1 rechte Masche und 1 linke Masche.

7 Das Bündchen ist jetzt fertig. Knote für die zweifarbige Mütze einen Faden in Kardinal an und stricke 32 Runden rechte Maschen. Für die gestreifte Mütze knotest du einen Faden in Weiß an und strickst 40 Runden rechte Maschen, immer abwechselnd 4 Runden in Weiß und 4 Runden in Mosaikblau. Den Faden der Farbe, mit der du gerade nicht strickst, kannst du im Inneren der Mütze hängen lassen und locker wieder aufnehmen, wenn die Farbe wieder an der Reihe ist.

8 Kette alle Maschen ab und vernähe alle Fäden.

9 Fädle einen farblich passenden Faden auf eine Wollnadel und nähe im Heftstich einmal reihum durch die abgekettete Kante. Ziehe vorsichtig, aber sehr fest am Faden, sodass sich die Mütze oben schließt. Verknote Anfangs- und Endfaden doppelt miteinander. Vernähe die Fäden und fertig ist deine coole Beanie.

10 Nähe mit Nähgarn und Nähnadel den Stern bzw. das Herz auf dem Bündchen fest.

TIPP

Wenn dein Kopfumfang größer als 55 cm ist oder wenn du die Beanie sehr locker sitzend haben möchtest, kannst du die Mütze auch einfach mit einer 60 cm langen Rundstricknadel stricken. Das ist einfacher als mit dem Nadelspiel.

TIPP

Die 22 Maschen passen gerade so auf die 3 Nadeln. Wenn es dir leichter fällt, kannst du die 66 Maschen auch auf 4 Nadeln verteilen. Dann ist in den Runden nicht so viel Spannung um die Nadelspitzen. Verteile dazu auf 1 Nadel 21 Maschen und auf 3 Nadeln je 15 Maschen. Stricke dann die Maschen mit der 5. Nadel.

Zwerg Nase

wohnt in deinem Kinderzimmer

Was du schon können musst: Maschenanschlag, rechte Maschen, linke Maschen, Abnahmen rechts, Abketten

Material

- Schachenmayr original Boston in Mosaikblau (Fb 65), 50 g
- Schachenmayr original Boston in Feuer (Fb 30), 50 g
- Rest Schachenmayr original Boston in Weiß (Fb 101)
- Rest Schachenmayr original Boston in Rosa (Fb 134)
- Rest Schachenmayr Merino Extrafine 40 in Marone (Fb 310)
- Stricknadeln, ø 7 mm
- 3 Handvoll Füllwatte
- Wollnadel
- Nähnadel
- Nähgarn in Schwarz
- 2 Tieraugenknöpfe in Schwarz, ø 8 mm
- Pompon in Rosa, ø 3 cm
- Maschenmarkierer
- evtl. Klebstoff
- Schere

Körper (2 x)

1 Schlage 18 Maschen in Mosaikblau an und stricke 20 Reihen glatt rechts, also immer abwechselnd 1 Reihe linke Maschen, 1 Reihe rechte Maschen.

2 Knote einen Faden in Rosa an und stricke 1 Reihe rechte Maschen und 1 Reihe linke Maschen.

3 In der 23. Reihe strickst du rechte Maschen. Stricke dabei die 2. und 3. Masche sowie die 16. und 17. Masche zusammen ab (= 16 Maschen auf der Stricknadel).

4 Stricke in der 24. Reihe linke Maschen.

5 In der 25. Reihe strickst du rechte Maschen. Stricke dabei die 2. und 3. sowie die 14. und 15. Masche zusammen ab (= 14 Maschen).

6 Stricke in der 26. Reihe linke Maschen.

7 In der 27. Reihe strickst du rechte Maschen. Stricke dabei die 2. und 3. Masche sowie die beiden Maschen vor der letzten Masche zusammen ab (= 12 Maschen).

8 Stricke in der 28. Reihe linke Maschen. Knote am Ende den Faden in Rot an.

9 Ab der 29. Reihe strickst du immer abwechselnd rechte und linke Maschenreihen. In den Reihen mit rechten Maschen nimmst du immer die beiden Maschen nach der 1. Masche und die beiden Maschen vor der letzten Masche zusammen ab. In den linken Maschenreihen strickst du ohne Abnahmen. Nach jeder rechten Reihe hast du immer 2 Maschen weniger auf der Stricknadel. Wiederhole den Schritt so lange, bis du nur noch 4 Maschen auf der Stricknadel hast.

10 Stricke mit den 4 Maschen noch 6 Reihen glatt rechts, also immer abwechselnd rechte und linke Reihen ohne Abnahmen. Dann kettest du die Maschen ab und vernähst die Fäden.

Arme (2 x)

Schlage 7 Maschen in Mosaikblau an und stricke 20 Reihen glatt rechts, also immer abwechselnd eine Reihe linke und eine Reihe rechte Maschen. Kette anschließend die Maschen ab und vernähe die Fäden.

Beine (2 x)

Schlage 7 Maschen in Weiß an und stricke 30 Reihen glatt rechts, also immer eine Reihe linke und eine Reihe rechte Maschen. Stricke immer zwei Reihen in Rot und zwei Reihen in Weiß, bis du von jeder Farbe 6 Streifen hast. Die letzten 6 Reihen strickst du in Mosaikblau. Kette zum Schluss die Maschen ab und vernähe die Fäden.

TIPP

Schneide die roten und weißen Fäden an den Beinen bei den Farbwechseln nicht ab, sondern führe sie am Rand mit, bis die Farbe wieder an der Reihe ist. Das nennt man „Flottung". Auf diese Weise musst du am Ende weniger Fäden vernähen.

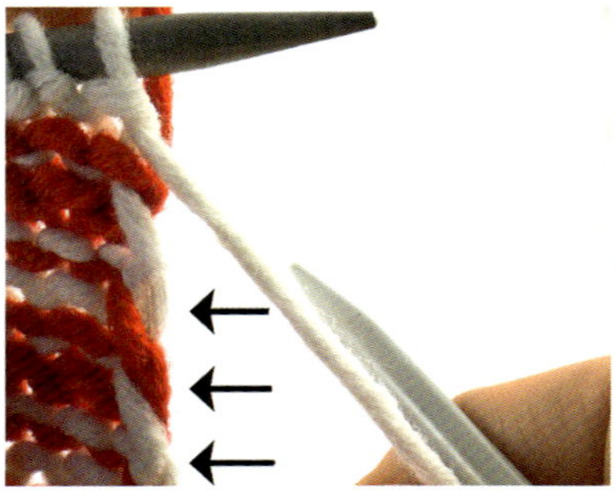

TIPP

Durch die Beine, die einfach nur aus gestrickten Flächen bestehen, ist dieser Zwerg besonders einfach zu erstellen.

Ausarbeitung

Du hast jetzt 2 Körperteile, 2 Arme und 2 Beine gestrickt. Die glatt rechts gestrickten Beine und Arme rollen sich von selbst ein und sehen dadurch schön plastisch aus.

1 Lege 1 Körperteil mit der glatt rechten Seite nach oben. Stecke die zusammengerollten Arme und Beine mit einigen Stecknadeln auf dem Körper fest. Die „Nähte", wo das Eingerollte aneinanderstößt, zeigen nach oben. Arme und Beine legst du anschließend wie auf dem Foto gezeigt auf den Körper.

2 Jetzt legst du das 2. Körperteil mit der glatt rechten Seite nach unten darauf. Stecke die 2 Körperteile an den Rändern mit Stecknadeln zusammen. Achte darauf, dass rundherum kein Arm- oder Beinende herausragt. Unterhalb eines Arms lässt du eine Wendeöffnung.

3 Fädle einen Wollfaden in Mosaikblau auf eine Wollnadel. Dann nähst du rundherum die Kanten im Überwendlingsstich zusammen. Nähe dabei die festgesteckten Arme und Beine mit an. Am Ende schneidest du den Faden ab und vernähst ihn.

4 Wende den Zwerg durch die Öffnung. Sollten Arme und Beine nicht ganz fest angenäht sein, nähst du sie noch mit einigen Stichen an der Körperkante an.

5 Fülle nun den Zwerg mit Füllwatte. Forme dabei auch die Ecken und die Mützenspitze gut aus. Mit einem Kochlöffelstiel kannst du die Watte gut in die Ecken schieben.

6 Jetzt kannst du die Öffnung mit Wollnadel und Faden im Überwendlingsstich zusammennähen.

7 Fädle einen Faden in Marone auf eine Wollnadel. Für die Haare ziehst du anschließend links und rechts an der Mützenkante einige Schlingen durch das Gestrick. Schneide anschließend die Schlingen auf und verknote die Enden miteinander. Wiederhole den Schritt für den Bart in der Mitte des Gesichts. Du kannst zum Schlingen deinen Finger zu Hilfe nehmen (siehe Foto).

8 Klebe nun die Bommel mittig über den Bart. Du kannst sie auch annähen. Die Augen nähst du mit Nähnadel und Nähgarn fest.

9 Mit einer Schere kannst du den Zwergenbart nun auf die richtige Länge stutzen.

TIPP

Du kannst die Beine auch mit 14 Maschen stricken, rechts auf rechts legen und jeweils zu einem Schlauch an der Längsseite zusammennähen. Nähe die Beine auch an den „Füßen“ zusammen. Wende sie und fülle sie mit Watte. Die etwas kräftigeren Beine kannst du dann an den Körper annähen.

Buchtipps

Hier findest du weitere Ideen zu den Themen Basteln, Handarbeiten, Malen, Zeichnen und allerlei mehr!

TOPP 5764

ISBN 978-3-7724-5764-7

TOPP 5797

ISBN 978-3-7724-5797-5

TOPP 5675

ISBN 978-3-7724-5675-6

TOPP 5959

ISBN 978-3-7724-5959-7

TOPP 5696

ISBN 978-3-7724-5696-1

TOPP 5955

ISBN 978-3-7724-5955-9

TOPP 5957

ISBN 978-3-7724-5957-3

TOPP 5958

ISBN 978-3-7724-5958-0

TOPP 5961

ISBN 978-3-7724-5961-0

TOPP 4153

ISBN 978-3-7724-4153-0

TOPP 5999

ISBN 978-3-7724-5999-3

TOPP 5677

ISBN 978-3-7724-5677-0

TOPP 5680

ISBN 978-3-7724-5680-0

TOPP 5809

ISBN 978-3-7724-5809-5

TOPP 5780

ISBN 978-3-7724-5780-7

TOPP 5718

ISBN 978-3-7724-5718-0

TOPP 5783

ISBN 978-3-7724-5783-8

TOPP 5678

ISBN 978-3-7724-5678-7

TOPP 5674

ISBN 978-3-7724-5674-9

TOPP 5795

ISBN 978-3-7724-5795-1

TOPP 5753

ISBN 978-3-7724-5753-1

TOPP 5774

ISBN 978-3-7724-5774-6

TOPP 5782

ISBN 978-3-7724-5782-1

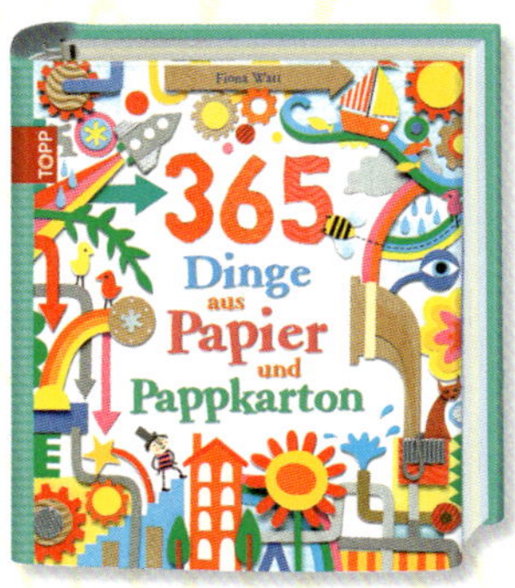

TOPP 5758

ISBN 978-3-7724-5758

Franziska Heidenreich

Franziska Heidenreich ist Diplom-Kommunikationspsychologin und gelernte Mediengestalterin. Sie ist Autorin von einigen ganz besonderen und erfolgreichen Kinderbastelbüchern des frechverlags und fühlt sich auch bei den klassischen Handarbeitsthemen pudelwohl. Im zarten Alter von sieben Jahren hatte sie das erste Mal Stoff, Wolle und Stricknadeln in der Hand und hat damit fleißig ihren Puppen zu einer neuen Kleiderkollektion verholfen – und das, obwohl niemand in ihrem Umfeld in Sachen „Handarbeiten" hilfreichen Beistand leisten konnte. Beim Stricken war sie schon immer fasziniert von den vielen Mustern, die man mit 2 Nadeln zaubern kann. In ihrer Freizeit träumt sie davon, eines Tages den Fernsehturm bunt-geringelt einzustricken. Sie lebt seit einigen Jahren mit ihrem Freund, ihrem Sohn und ihrer Katze in Berlin.

DANKSAGUNG:
Wir Danken der Firma Coats für die Unterstützung bei diesem Buch.
Coats GmbH Kensingen
www.schachenmayr.com
www.coatsgmbh.de

Ein Dankeschön geht auch an Union Knopf (Bielefeld) und Prym (Stolberg).

KREATIV-HOTLINE

Hilfestellung zu allen Fragen, die Materialien und Bastelbücher betreffen: **Frau Erika Noll** berät Sie. Rufen Sie an oder schreiben Sie eine E-Mail!
Telefon: 0 50 52 / 91 18 58* E-Mail: mail@kreativ-service.info

*normale Telefongebühren

STRICKMODELLE: Franziska Heidenreich
FOTOS: frechverlag GmbH, 70499 Stuttgart; lichtpunkt, Michael Ruder, Stuttgart
PRODUKTMANAGEMENT: Carolin Eichenlaub
LEKTORAT: Dr. Christine Schlitt
LAYOUTENTWICKLUNG UND GESTALTUNG: Katrin Röhlig
DRUCK UND BINDUNG: Himmer AG, Augsburg

1. Auflage 2014

 www.topp-kreativ.de

ISBN 978-3-7724-5692-3
Best. Nr. 5692